ぼくら滋賀っ子

はっぱいろの宝箱

滋賀県児童図書研究会 編

この本を読むみなさんへ

はっぱいろの宝箱

はっぱいろの宝箱をおとどけします。

はっぱいろの宝箱は、四つ目の宝箱です。

「ほかの三つは、どんな宝箱？」

「なにいろの宝箱なんだろ」

そう思ったあなたは、図書室に行ってみてください。

たくさんの本の間に、もぐりこんでいるかもしれません。

宝探しをしませんか。


はっぱいろの宝箱にお話の宝物をつめているとき、吉野彰《よしのあきら》さんの笑顔がテレビに大写しになりました。日本中にお祝いの拍手がおこっています。吉野彰さんが、２０１９年のノーベル化学賞を受賞されたのです。

もしかしたら、吉野さんが宝箱に入るかもしれません。蓄電池の大切な部材であるセパレータの「ハイポア」が、滋賀県の守山にある旭化成《あさひかせい》工場で作られているからです。

宝箱にはあなたの町の宝物が、つめられているかもしれません。おとなりの町の宝物が入っているかもしれません。

人かもしれないし、物かもしれません。出来事だったり、昔のお話だったりしています。

そうそう、一番大切に感じた宝物を、ぜひ読んでください。

笑っている子、くちびるをかんでいる子、考えている子、ため息をついている子、ドキドキしている子、つかれている子、いろいろ子どものお話を入れました。なんでもないような暮らしは、宝物です。

宝箱には、輝いている宝物はもちろんですが、かすかな光りを放っている宝物も集めました。「宝箱」のお話は、どれもほんとうのことを素《もと》にしています。

また、この本にふさわしいすてきな表紙絵を、近藤薫美子さんが描いてくださいました。

こんどあなたの宝物を教えてください。宝箱に入れて、たくさんの子どもたちに知らせてみませんか。

滋賀県児童図書研究会会長　今関信子

もくじ

表紙絵　近藤《こんどう》薫美子《くみこ》

お話の舞台《ぶたい》

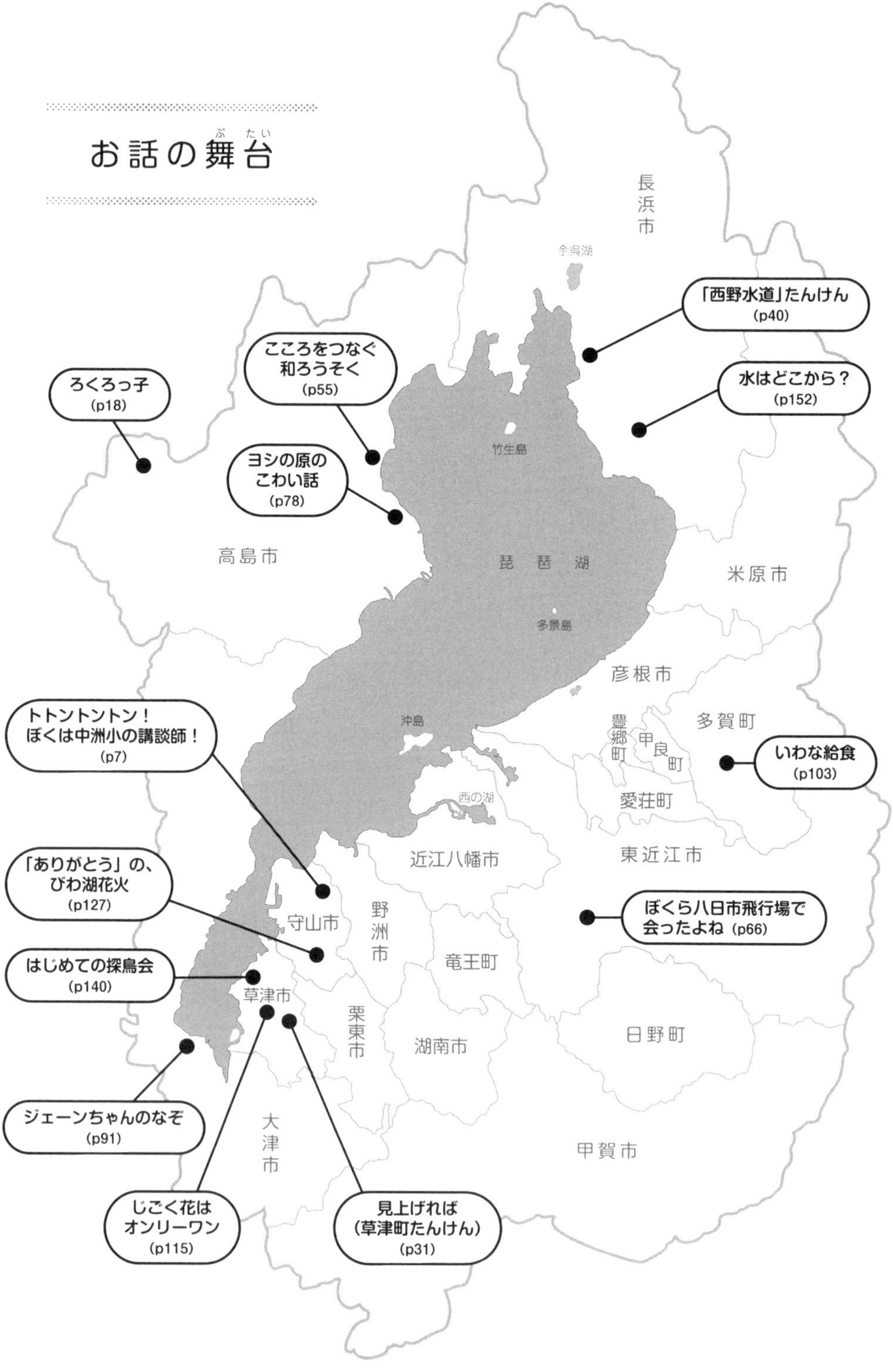

長浜市
余呉湖
「西野水道」たんけん (p40)
こころをつなぐ和ろうそく (p55)
ろくろっ子 (p18)
水はどこから？ (p152)
竹生島
ヨシの原のこわい話 (p78)
高島市
琵琶湖
米原市
多景島
彦根市
トトントントン！ぼくは中洲小の講談師！ (p7)
沖島
豊郷町
甲良町
多賀町
いわな給食 (p103)
西の湖
愛荘町
近江八幡市
東近江市
「ありがとう」の、びわ湖花火 (p127)
野洲市
守山市
ぼくら八日市飛行場で会ったよね (p66)
竜王町
はじめての探鳥会 (p140)
草津市
栗東市
湖南市
日野町
ジェーンちゃんのなぞ (p91)
大津市
甲賀市
じごく花はオンリーワン (p115)
見上げれば (草津町たんけん) (p31)

トトントントン！ ぼくは中洲《なかす》小の講談師《こうだんし》！

文 朝倉圭子《あさくらけいこ》
絵 浪花由里《なにわゆり》

「みなさん、わたしたちの学校に、人間国宝《こくほう》の一龍斎貞水《いちりゅうさいていすい》さんが来てくださることになりました！」

9月の全校集会。校長先生のはずむ声が、体育館にひびきました。

（人間国宝？ 人間の、国の、宝《たから》もの、ってこと？ すげえ！）

ぼくは、小学校6年生のヨシヒロ。勉強は苦手だけど、れきしは大すき！ 親友のショウタといっしょに、れきしマンガを読むのが休み時間の楽しみです。ぼくのヒーローは織《お》田《だ》信長《のぶなが》。めっちゃ、かっこいい！ そしてぼくの通う学校は、守山市立中洲小学校。各《かく》学年1クラスずつの小さな学校です。校庭には、巨大なメタセコイアの木がそびえ立っていて、クリスマスになると、イルミネーションが空いっぱいの星を集めたようにかがやきます。

校長先生は話を続けました。

「一龍齋貞水さんは、とても有名な講談師《こうだんし》です。みなさんは『講談』って知っていますか？　日曜日のテレビ番組『笑点《しょうてん》』に、着物を着た落語家さんが出ていますね。講談も着物を着て、お客さんの前で語るのは落語にています。しかし、講談はれきしの話やかいだん話をします。どくとくのリズムで、見ているかのように語るので、はく力があるんですよ。先生は大すきです！」

ぼくは、横に立っているショウタと、目を合わせてニヤッとしました。

（れきしの話やて！　おもしろそうやな！）

「そこで、みなさんにも講談にちょうせんしてもらいます。そして、代表を決めて、貞水さんといっしょに舞台《ぶたい》で発表してもらいます。ぜひ、チャレンジしてください！」

（やってみようかな？　でも、ぼくはすぐにきんちょうすんねんなぁ。やっぱり、ムリかぁ……）

あきらめようとしたその時、体育館の入り口からサーッと風がふいてきました。校庭に目を向けると、メタセコイアの木が、すっくと立っているのが見えました。まるで、むねをはっているかのようです。思わずぼくも背すじをのばしました。そして、目をつぶって自分に問いかけました。

（どうする？）

するとまた、メタセコイアの木の方から、おうえんするかのような風がふいてきたのです。体全体で、スーッと風の感しょくを感じました。ぼくは、ゆう気をもらったような気がして、パチッと目を開きました。

（よし、やったるぞ！）

代表は、６年生のぼくとマサキ、５年生のケンの三人に決まりました。

10月。ぼくは学校でも家でも練習しました。

ぼくたちの講談は『三《み》方《かた》ヶ《が》原《はら》のたたかい』です。この講談を三つのパートに分けて、一人一つのパートをたん当します。まず『はりおうぎ』とよばれるせんすににた道具を右手に持ちます。そして、リズムよくつくえをたたくと『トトントントン』とひびいて、一気に講談らしくなります。発表までにむずかしい台本と、どくとくのリズムをおぼえなくてはなりません。今日は家で、先生からかりたＤＶＤを見ながら練習することにしました。

トトントントン

「ころはげんきさんねんみずのえさるどしじゅうがつじゅうよっか……」

（なんやねん、このセリフとこのリズム。ほんま、わけわからんわ！）

その時、コンコン、と音がしました。

「ヨシヒロ、おかえりー」

「あっ、おばあちゃん！」

ぼくの部屋のドアから顔をのぞかせたのは、ぼくと同じ、れきし大すきのおばあちゃんです。

「ヨシヒロ、代表で講談の発表するんやって？　すごいやんか！　何を発表するんや？」

「三方ヶ原のたたかいいうてな、徳川家康《とくがわいえやす》と武田信玄《たけだしんげん》がたたかう話やねん。めっちゃむずかしいねん」

「おばあちゃん、その話、知ってるわ。戦国《せんごく》時代、一番強かった武田信玄の大軍《たいぐん》に、わかい徳川家康がたたかいをいどんで、こてんぱんに負けたたたかいや。家康は、あまりのこわさにうんこをもらしたんやな」

「家康がうんこをもらした？　カッコ悪いな！」

「まあ、でも、家康はこの時のくやしさをバネに、天下を取るほど強くなったんちゃうかな。人は、どんぞこに落ちた時が、強くなれるチャンスなんや」

「ふーん」

「そんで、家康が強くなれたのは、信玄にたたかいをいどんだからや。はじめからあきらめてたたかわんかったら、負けることもない。でも、強くもなれへん。大事なんは、しっぱいをおそれずにちょうせんすることや」

おばあちゃんは、ニッとわらって台所に行きました。

（この講談は、家康が、いどんで、たたかって、負けて、強くなったたたたかいの話だったのかぁ……）

ぼくの中で、『三方ヶ原のたたかい』が、はっきりうかび上がってきました。走るへいしたち。地ひびきのような足音。重なり合う刀と刀。ドドドドド、ガチャン、キーン、カキーン。

（分かったぞ！　このきんちょう感を、迫力《はくりょく》いっぱいに伝えるんや！）

トトン、トントンッ！

「ころは、げんきさんねんっ、みずのえ、さるどしっ、じゅうがつ、じゅうよっかっ」

『講談』が、ズドンと、ぼくの頭と体に入ってきました。

（よっしゃ！）

ぼくも家康といっしょにたたかいにいどんでいるような気がして、おなかにグッと力が入りました。

11月10日。いよいよ講談会の日。

ぼくは（練習のせいかを出すぞ！）と自信《じしん》まんまんで体育館に入ったのに、

「うわっ、すごすぎ！　人、多すぎるよぉ……」

体育館のかべが見えないほど人がぎっしり。ショウタは指をさしながら興味《きょうみ》しんしんの様子です。

「おい、あのカメラ見てみ！　テレビ局ちゃうか？　あっちには新聞社も来てるで！」

そのむこうにお母さんとおばあちゃん、公民館《こうみんかん》のおばちゃん、シュッとスーツを着た知らないお兄さん。たくさんの人、人、人。ぼくの心臓《しんぞう》とおへそはキューーッとちぢまりました。

ぼくたち代表は、先生にうながされて、ステージのそででスタンバイ。その時、とつぜん会場がしずまり返り、はく手がわき起りました。一龍齋貞水さんが体育館に入って来たのです。からし色の着物を着たやさしそうなおじいちゃん。まさに、人間国宝といわれるその人は、明らかにほかの人とちがうふんい気で、どっしりとした風かくです。ぼくとマサキは、同時にいいました。

「やばい……」

うれしそうなマサキの横で、はく力にあっとうされたぼくの足はふるえ出しました。

「では、代表の人、おねがいします！」

司会《しかい》の声を合図に、舞台真ん中の小さなつくえに向かって正座《せいざ》して、講談スタート。ぼくが一番目なのに、頭がまっ白になってしまいました。

（……こ、言葉が、で、出て、こない……）

ドクドクドクドク。視線の先の消火栓《しょうかせん》の赤色だけが、遠くにぼんやり分かるだけ。しだいに客せきがザワザワし始め、そこにププッ、クスクス、ハハハハとわらい声が聞こえると、全員がぼくのことをわらっているような気がして、息が苦しくなってきました。

（もう、あかん！）

と、たおれそうになったその時です。

ケンが、そっと、「ころは」と教えてくれたのです。

（あーっ、そうだ、「ころは」だ！）

さいしょはつまりましたが、何回も練習したからか、言葉が体にしみついていました。

ぼくは、ふるえる手ではりおうぎをたたきました。

トトン、トントンッ

「こ、こ、ころは、げ、げんきさんねんっ、みずのえ、さるどしっ、じゅうがつ、じゅうよっかっ。たけだそうじょうしんげん……」

ぼくの発表が終わり、続いて、ケン、マサキの順で発表しました。大きなはく手をもらって、二人はほっとしています。ぼくたちが舞台のそでに下がると、いよいよ貞水さんの講談です。

「では、『耳なし芳一《ほういち》』の講談を始めます」

暗く古ぼけたお寺のセットの中、優しい顔の貞水さんが、目を細めてこわい顔になりました。

トトン、トントンッ

「長州《ちょうしゅう》、赤間《あかま》が関《せき》のあみだ寺に、芳一という目の不自由な琵琶《びわ》の名人がいました……」

貞水さんのひくい声はまほうでした。いっしゅんで会場は、もののけの世界です。貞水さんは昔のことを『ほら、すぐそこ！』のように臨場感《りんじょうかん》たっぷりに語るので、背中《せなか》がゾクゾクッとしました。

そして、講談は終わりました。貞水さんはゆったりとステージから下がると、舞台そでに立つぼくの頭をポンとたたきながら、にっこりわらっていったのです。

「ぼうず、あれでいい」

ぼくはきんちょうのあまり、つっ立ったまま何も考えられませんでした。

講談会が終わり、舞台はかたづいてガランとしています。みんなかいさんしましたが、ぼくは舞台の前にじっと立っていました。客せきの「クスクス、ハハハハ」というわらい声が耳にこびりついて、教室に帰れなかったのです。

（かんぺきだったはずなのに。クソッ、クソッ……。こんなにいやな思いをするくらいならチャレンジなんてしなければよかった……）

ぼくはくちびるをかみ、はりおうぎをギュウッとにぎりしめて、舞台をたたきました。

トンッ！

その音は、ハッとするほど、だれもいない体育館にひびきました。トトン、トントトンッ！　これまで何十回、何百回とたたいた音。いい思いもいやな思いもしながら聞いた音。ぼくのチャレンジすべてがつまった音。トトン、トントンッ！　高くするどいその音は、ぼくのむねのおくの深いところまでひびいてきました。

そして、思い出したのです。家康のちょうせんを。

（ちがう……。チャレンジしなければよかったなんて、ちがう！）

貞水さんのやさしい顔とやさしい声もよみがえってきました。

「ぼうず、あれでいい」

(そうか！　しっぱいしてもいいんや！　大事なんは、しっぱいをおそれずにちょうせんすることや！　ぼくはへこたれへんぞ！　ぼくは強くなる！　チャレンジや！)

ぎゅっとこぶしをにぎりしめたその時、モジモジ、クネクネ、こまった顔でショウタが走りよって来ました。

「おーい、ヨシヒロー、いっしょにトイレ行かへん？　貞水さんの怪談がこわすぎて、一人で行けへん」

ぼくたちは、ニヤッと目を合わせて「もれるー！」といいながら走り出しました。ダダダダダ、タタタタタ。その足音を追いぬかすわらい声。ワハハハ、ガハハハハハ！　わらうショウタの横顔を見て、ぼくは(ありがとな)と思いました。

校庭に、秋風がやさしくふきました。メタセコイアの木の葉っぱが、カサカサと音を立てました。それはまるで、小さな講談師へのはく手のようでした。

ろくろっ子

文　平松成美《ひらまつしげみ》
絵　伊藤　空《いとうそら》

「朽木《くつき》へ行くけど、ゆうきもいっしょに行く？」

「何しに行くん？」

「朽木の木地山《きじやま》に住むお友だちがね、ろくろ会するから来ませんかって」

ろくろ会って何や。あのおばけのろくろ首のことか？　おもしろそうやなと思って、

「行く行く！　たまには母さんにつきおうたるわ」

「あら、えらそうに！　でも、うれしいわ。じゃ、30分後の9時に出発するよ」

うすみどりの田んぼが、やわらかな春の光を受けて、歌っているようだ。

「なんか、母さん、うれしそうやなぁ」

「だって今日はね、清川《きよかわ》先生が来られるんよ。ろくろ分校のこと、直せつ聞けるんやもん」

「清川先生って?」

「朽木に住んではってね。絵が上手な先生なんよ。もうおじいちゃんなんやけど、昔ろくろ分校で子どもたちに版画《はんが》教えてはったんよ。その版画はね、絵本『ろくろっ子』になって出版《しゅっぱん》されて、全国にしょうかいされたんよ。今日は、その清川先生にお会いできるんやから……」

母さんの声がはずんでいる。

「ろくろ分校って?」

「今日、おはなし聞いたら分かるよ。楽しみにしとき」

母さんとそんなことを話しながら、くねくねとカーブの多い道を走ることマキノから1時間。ようやく山の奥の奥《おく》、山にかこまれた木地山に着いた。

「こんにちは」

「は～い」

はつらつとした声が家の中から聞こえてきた。

「ぶじについたね。よかった!」

にこにこ顔であらわれたのは、母さんよりずっと若くて元気いっぱいのおばさんだった。

「木地山まで自分の運転で来るのははじめてやったけど、ナビのおかげでたどりついたわ」

「それは、よかった」

「あら、ゆうきくん、こんにちは。いっしょに来てくれたんやね。ようこそ、木地山へ。さあさあ、入って」

　部屋の中は、ほのかな木のかおりがする。おとなの人が何人かいたから、ぼくは、ちょっときんちょうして母さんの後ろにくっついていた。

「こんにちは、はじめまして。地球研の熊澤輝一《くまざわてるかず》です。よろしくおねがいします」

「こちらこそ、はじめまして。ろくろ分校の古い写真を見せていただけるということで、今日は楽しみにしてきました。よろしくおねがいします」

　母さんに続いて、ぼくもあわてておじぎをした。

「何年生？　おとなばかりではずかしいのかな」

　熊澤さんが、ぼくの顔をのぞきこみながら、やさしく声をかけてくれた。

「あっ、こんにちは。４年生のゆうきです」

「昔の写真だけど、ゆうきくんと同じ小学生の写真もたくさんあるから、楽しんでもらえるとうれしいな」

にこにこ笑顔《えがお》で話かけてくれた。よく見ると熊澤さんは、おじさんじゃなくてお兄さんみたいだった。

「清川先生は？」

「清川先生ね、ちょっとかぜひかれたみたいでね」

「直せつお話を聞かせていただけると楽しみにしてたんだけど、体調がお悪いならしかたがないわね」

母さんの声には、ざんねんな気持ちがにじみ出ていた。

「それじゃあ、始めましょうか」

おばさんのやさしい声を合図に、部屋に用意されたスクリーンに古い写真がうつしだされた。

「これが、さいしょのろくろ分校です」

色のない白黒写真を見るのがはじめてのぼくは、これにまずびっくりした。よーく見てみると校舎《こうしゃ》は木造《もくぞう》。小さいなぁ。これほんまに学校なん？　と思いながら、聞いてみた。

「ろくろ分校って何ですか」

「ろくろ分校はね、朽木東小学校の分校のこと。遠くて本校に通えない地いきには分校があってね。昭和30年ごろには、朽木に10の分校があったそうだよ」

「ほら、マキノの在原《ありはら》分校といっしょよ」

なるほど分校のことは分かった。もう一つ気になっていたことを聞いてみた。

「木地山にあるのに、なんで木地山分校でなくて、ろくろ分校なんですか」

「木地山はね、昔ろくろ村があったところでね」

「ろくろ村って?」

「昔、このあたりに、ろくろを使って木をけずって、おわんやお盆《ぼん》を作る人たちが住んでたんだよ。その人たちのことを木地師《きじし》っていうんだけどね。一番多かったのは、今から350年ほど前でね。51軒《けん》あったそうだよ。だけど80年以上《いじょう》前には一人しかのこってなくて、今はもう一人もいないんだ。ろくろを使っていた人が住んでいたからろくろ村。だからろくろ分校という名前がついたんだと思うよ」

熊澤さんがていねいにせつ明してくれた。

「ろくろって、信楽《しがらき》でお茶わん作った時の円盤《えんばん》みたいな、くるくる回すやつですか」

「あれもろくろっていうけれど、木地師の使ってたろくろは、二人挽《ひ》きの手びきろくろっていってね、一人が麻《あさ》でできた綱《つな》を引っぱってろくろを回してたんだよ。たしか、この

『朽木村史《くつきそんし》』の中にあったと思うんだけど」

ぶあつい本をめくって、

「ほら、これ！」

ろくろを使って木地をひいているイラストを見せてくれた。

スクリーンには、雪遊びの写真、勉強している写真、登校の写真などが、次から次へとうつし出されていく。

版画をほっている写真がスクリーンにあらわれた。大きい板に向かって、集中してほっているのがつたわってくる。

「ほら、ゆうき。この人が清川先生よ」

母さんが、スクリーンを指さしながらちょっとうれしそうにいった。

「へぇ、この人が清川先生なん」

「ゆうきくん、清川先生はね、ろくろ分校で版画教えてはったんよ。この本みてごらん」

おばさんが、つくえの上にある茶色くなった古そうな本をぼくにそっとわたしてくれた。

「これ、清川先生が作られた『ろくろっ子版画集』。ろくろ分校の子どもたちがほった版画がいっぱいのってるよ」

本は苦手なんやけどなぁ、こまったなぁと思いながら受け取った。そのしゅん間、表紙の版画がせまってきた。

吹雪《ふぶき》の中、雪をふみしめて歩いている人が三人。左から右へひっかいたような細い線なのに、強い風と前が見えないようなつめたい雪がふきつけている感じがつたわってくる。すごい！　と思った。マキノでも、こんな雪の日がある。その時のほっぺたにあたるつめたい雪の感しょくや雪に足をとられて歩きにくいあの感かくが、しゅん時によみがえってきた。そうか、これ雪の日に学校行く時の様子なんや。うまいなぁ。版画でこんなに表げんできるやなんて。学校で版画したけど、ぼくはこんなリアルにはほれへんかったなぁ。

今にもやぶれそうな表紙をしずかにめくる

『ろくろっ子版画集』より

と、いきなりびっしりとかかれた文字がとびこんできた。文字の苦手なぼくは、すぐにパラパラとページをめくった。

あっ、めちゃくちゃでっかいハチのすや！　ぼうでたたいてるけど。それも二人で！　大《だい》丈《じょう》夫《ぶ》なんかぁ。さされたらどうするんや。ぼくはこんなことは、ようせえへんわ。

次に目にとびこんできたのは、歯医者の版画。

「あっ、いたそう」

思わず声がでた。大きく開けた口の中にきかいが……。あの何ともいえんキィーキィーいう音が聞こえてきそうや。この子なきそうになってる。いたいのがまんしてるんやなぁ。

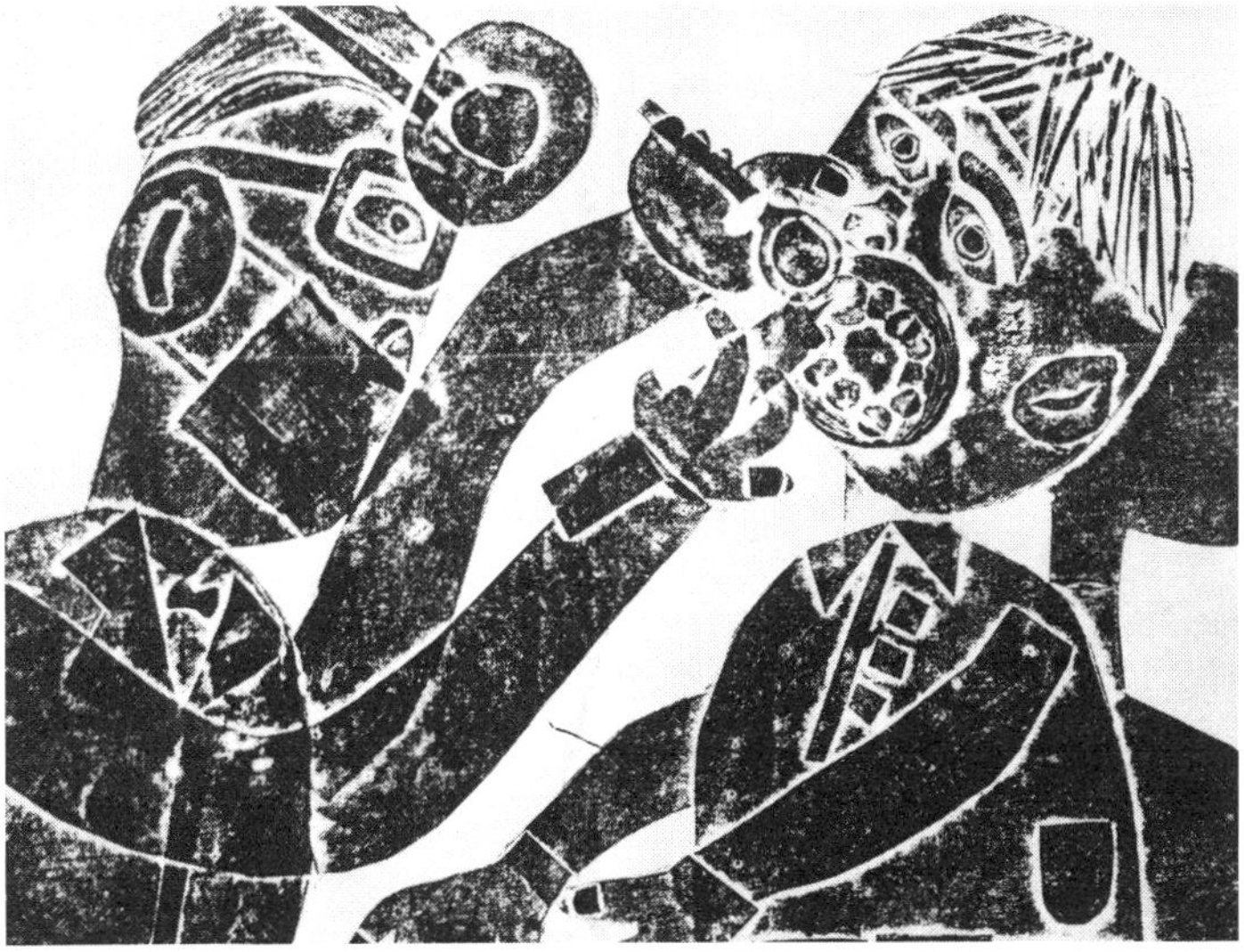
『ろくろっ子版画集』より

これは、何してるとこかなぁ。版画の下に詩が書いてあるぞ。

あけびとり　５年　三浦正和《みうらまさかず》

弟たちとあけびとりにいった。

「兄ちゃん　あそこに　大きいのが　ある」

「よし」

大きい竹さおで
あけびのつるをまいてひねった。

「ばしっ」

「やった」

あけびの大きいのがとれた
弟たちといっぱいとって帰った。

『ろくろっ子版画集』より

えだに登ってるのが兄ちゃんやな。あんな高いところに登ってるけど、こわないんかなあ。あけびの実って、つるまいてとるんか。ぼくは、近所のおじちゃんがとってくれたのをもらったからなぁ。ええこと教えてもろた！　こんどこれまねしてとってみよっ。でも、あけびってたねばっかりやし、ちょっとはあまい味するけど、そんなおいしいもんとちゃうけどなぁ。昔はおいしいお菓子《かし》があんまりなかったんかなぁ。
ゆうきは、発見がいっぱいでおもしろくなってきた。

この版画すごい！　特選《とくせん》もろたんや。これにも詩があるぞ。

ふきの皮むき

4年　平楽幹雄《へいらくみきお》

テープみたいにピーとむける。
ふきの皮をむく。
おばあちゃんの手は、神さまみたいに
ピーピーとふきの皮をむいていく。
おじいちゃんもどんどんむいていく。
ぼくがやると一つもうまくいかへん
やっぱりおばあちゃんの手は
年よりで一番よく動く。
おじいちゃんもよく働《はたら》いてきたんやなぁ。

『ろくろっ子版画集』より

おじいちゃんのあぐらの中に、フキの葉っぱがようけある！　ふきの皮をむいてるおじいちゃんはがっちりしてる働きもんの体つきやなぁ。おばあちゃんは背《せ》すじがピンとのびて、しっかりしてそうな人やなぁ。二人ともフキの皮むきに全神経《しんけい》を集中してる目してるわ。ピーピーいう音も何かおもしろいなぁ。

白黒の版画から、活き活きとした友だちのすがたが動きだした。そうか、「ろくろっ子」ていうのは、ろくろ分校の子っていう意味やったんやな。マキノの子をマキノっ子っていうのといっしょやな。

「この版画をほった子どもは、今も木地山にいるんかなぁ。会ってみたいなぁ……」

心の声が言葉になって、大きな声が出た。とつぜんの声に、みんなはびっくりしてぼくの方をみた。ぼくは、しまった！　と思って小さくなった。

「ろくろ分校が廃校《はいこう》になったのは昭和53年。西暦《せいれき》でいうと1978年のことやから、今から41年前やね。表紙の版画ほったのは6年生の子やから12歳《さい》だとすると、今は、53歳のもう大人やね」

熊澤さんが分かりやすく教えてくれた。

「当時、子どもやった人はみんな、もう木地山には住んでへんのよ。家はまだあるから、時々帰ってくる人もいるけどね。そうそう、あけびとりの版画と詩を書いた三浦さんは、朽木支所《ししょ》の近くで鯖寿司屋《さばずしや》さんしてるよ」

「その本、気にいった？　朽木の図書館にもあるけど、かし出しできない本でかりられへんから、おばちゃんのかしてあげるわ。ゆっくり見たらいいよ」


ろくろ会が終わり、ぼくは『ろくろっ子』を大事にかかえて車に乗った。途中《とちゅう》、ろくろ分校のあったところに車をとめてもらった。そこには「ろくろ分校跡地《あとち》」という文字がほられた石が、雑草《ざっそう》にかくれるようにたっていた。校舎があったあたりに木造《もくぞう》の家がたっているが、ふつうのおうちだ。そこにあのろくろ分校はもうなかった。ちょっとさびしい気持ちになった。でも、分校の校庭で元気いっぱいに遊んでいる友だちのすがたが見えるようだった。

「さあ、出発するよ」

車はマキノに向かって走り出した。

「ゆうきが、本に興味《きょうみ》持つなんて、母さんびっくりしたわ。でも、うれしいわ。これも清川先生のおかげやね」

「おかげって？」

「ろくろ分校の子どもたちのくらしを『ろくろっ子版画集』という形でのこしてくれたからね。木地山の自然《しぜん》のこと、そこでどんな風に生活していたか、40年も前のことが、まるで今のことのように分かるのは、この本があって、読むことができるからよ。家に帰ったら、いっしょに読んでみようね。ろくろっ子のことがもっといろいろと分かると思うよ」

清川先生ってどんな先生なんやろ。きっとやさしくておもしろい先生なんやろなぁ。今度は会えるかなぁ。ぼくには、にこにこ笑顔で元気にしゃべっている清川先生の声が聞こえてくるような気がした。

見上げれば（草津《くさつ》町たんけん）

文と絵
竹《たけ》谷《たに》利《とし》子《こ》

3学期の中ごろのとっても寒い日でした。

その日の3、4校時は、草津小学校3年生社会科の『町たんけん』の学習がありました。

「何で、こんな寒い日に、わざわざ、まちの中を。もう、いやや。学校の温《あった》かい図書室で、パソコンで調べたらいいやん。『何か、ためになることあったかい？』っていいながら」

タケルがぶつぶつといいました。

「何が『あったかい』や。タケルのダジャレのせいで、寒いんや」

タケルの親友のノブヒロがいいました。二人は、校庭に出てグループべつに分かれてならびました。メガホンを持ったおばさんが、みんなの前に立っていました。

「草津小の3年生のみなさん、こんにちは。わたしは、かん光ボランティアガイドの石川です。石川のおばちゃんてよんでください。今日は、五人のボランティアさんもいっしょです。よろしくおねがいします」

と、あいさつをしました。

石川さんは、ボランティアの五人のしょうかいをした後に、今日の学習のせつ明を始めました。

「今日の勉強『町たんけん』は、学校のそばの旧東海道《きゅうとうかいどう》から少し中へ入った路地《ろじ》のたんけんをします。学校のあるこの町は、東海道のような大きな道、小さな道、細い路地道などのさまざまな通りがあります。路地では、地いきの人たちの毎日のくらしの中での思いや、生活の工夫などを発見することができます。色々なものを見つけ、この町のことをもっと知り、もっとすきになってほしいなと思っています」

(ああ、寒い。もう、どうでもいいから、早う出発してよ。長いあいさつはやめて、はよ行って、はよ帰ろう)

タケルは、だんだんイライラしてきました。

タケルはAグループで、案内《あんない》は石川さんでした。小学校の門を出て、いよいよ、町たんけんが始まりました。旧東海道から、路地へと入って行きました。

グループのみんなは、石川さんのせつ明を一生けん命聞いて、用意されていたプリントに書きこんでいました。

(わざわざ、メモすることなんかないよ。この道は、毎日ぼくが通る道や)

タケルはポケットに手をつっこんだまま、メモは取りませんでした。

グループは、さらに細い路地に入って行き、小さな神社の前に来ました。石川さんがメガホンを持って、話し始めました。

「ここは、日吉神社《ひよしじんじゃ》です。さあ、屋根の上を見てごらん。何がいるかな」

(何がいるかって、何もいるわけないやんか。ま冬やし)

タケルがつぶやくと、

「わあ、サルがいる」

となりにいたノブヒロが大きな声をあげました。

(そんな、町のどまん中に、サルがいるわけないやん)

タケルは、ぶつぶついいながらも、ちぢめていた首を仕方なしにちょっとだけのばして見上げました。神社の屋根の上にサルの形をしたものがちょこんとありました。

「あのサルはね、『飾《かざ》り瓦《かわら》』って呼ばれている瓦です。飾り瓦には、昔からその家の人や、地いきの人たちのねがいや思いがこめられているのです。たとえばサルは、『悪いことが去る』といわれ、魔《ま》よけになります」

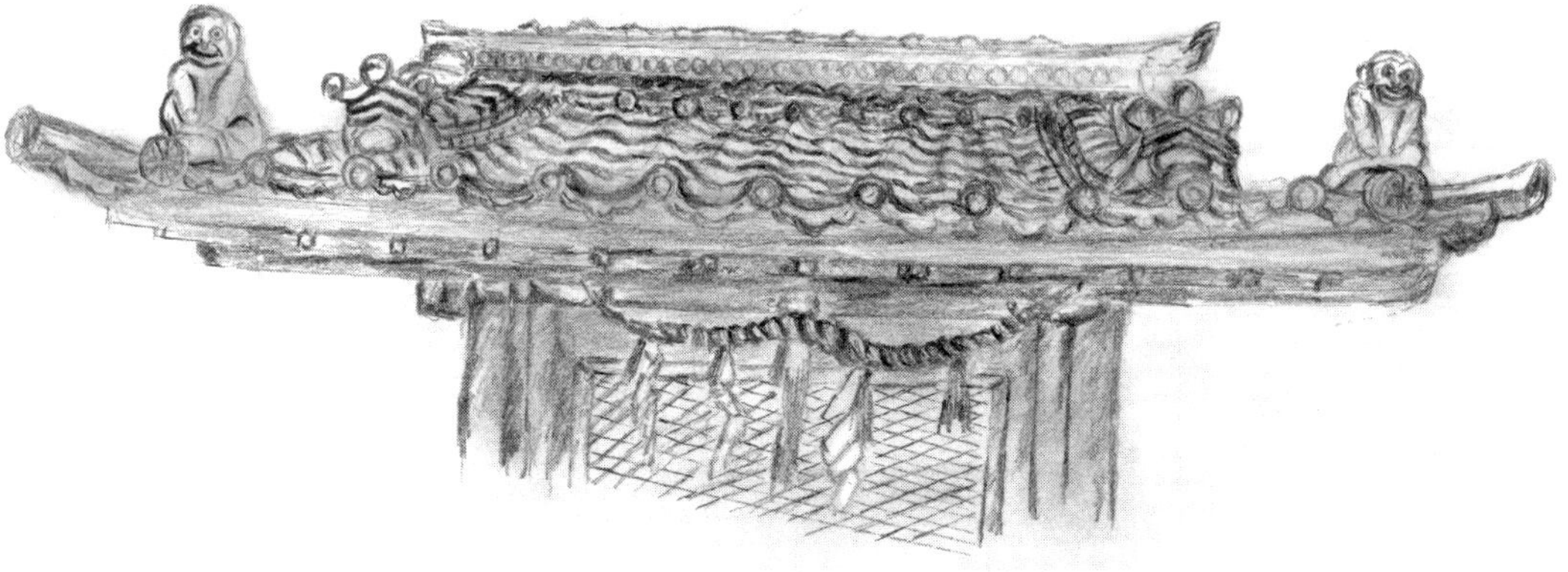

グループのみんなは、しっかりとメモを取っていました。タケルは、あいかわらずポケットに手をつっこんだままでした。

「おサルさんの口をよく見てや。みんなから見て、右が『あ』、左が『うん』ていってるのが分かるやろ。息がぴったり合っていることを『あうんのこきゅう』ていうんやで。それは、一人では絶たいに実げんできないやろ。なか間の大切さが分かることばやね」

ノブヒロたちは、自分の口を、『あ』や『うん』にしながら聞いていました。

「何が、『あ』、『うん』なんや。あー、うんざり。たいがいにしよし神社。ぼくは、ここを去る」

タケルのつぶやきに、まわりの子は、ク

スクスとわらっていました。

次へとすすみながら、石川さんはいいました。

「今はスマホをしながら、下ばかり見てる人が多いようやけど、時々は上の方を見てみてや。色々なものが見えてくるはずやで。さあ今度は、どんなものがあるかな」

「ああ、石川のおばちゃん。屋根の上に、こわい顔した小っちゃなおっさんが」

小がらなメグミが、ジャンプをしながらいいました。

「あれはね、鍾馗《しょうき》様ていうんや。魔よけになるし、お家の人が病気にならないように見守ってくれてもいるんや」

「石川さん。あっちの屋根に、何か文字みたいな、記号みたいなのが」

後ろの方で声がしました。

「あれはね、『水』て書いてあるんや。火事にならないようにというねがいなんや」

みんなは目をきらきらさせて、見上げています。タケルは、楽しそうな声にさそわれたのか、いつの間にかポケットから手を出して、ぐっと頭を持ち上げ、つま先立ちをし始めました。

タケルたちは、草津《くさつ》宿《しゅく》本陣《ほんじん》のうら側へ着きました。本陣は、江戸時代のお殿様《とのさま》や幕府《ばくふ》の役人、公家《くげ》などがとまったり休んだりする施設《しせつ》でした。れきしを知るための大切な建物です。

みんなは、本陣のうらにあるおよけ門の前に立ちました。およけ門は、本陣で事件、事故などがあった時、お殿様などが、避難《ひなん》をする門です。

「何や、今の非常口《ひじょうぐち》か」

タケルがぼそっといいました。その時、

「石川のおばちゃん、屋根の上にイヌが」

メグミのかわいい声がしました。

「反対側に、イノシシが」
二、三人の声がしました。
「えっ、非常口にも動物がいるんや。ひじょうにおもろい。よっしゃ、ぼくも見つけるぞ」

タケルの声が、はずんできました。

草津宿本陣の横の路地をぬけ、旧東海道へと出ました。さらにそこから、少しカーブした路地を通って行きます。そこは、『小川小路《おがわこうじ》』という名前がついている路地でした。このあたりは路地にも、それぞれ名前がついています。

小川小路を少し行ったところに、大きくて古いお寺がありました。そのお寺の高いへい

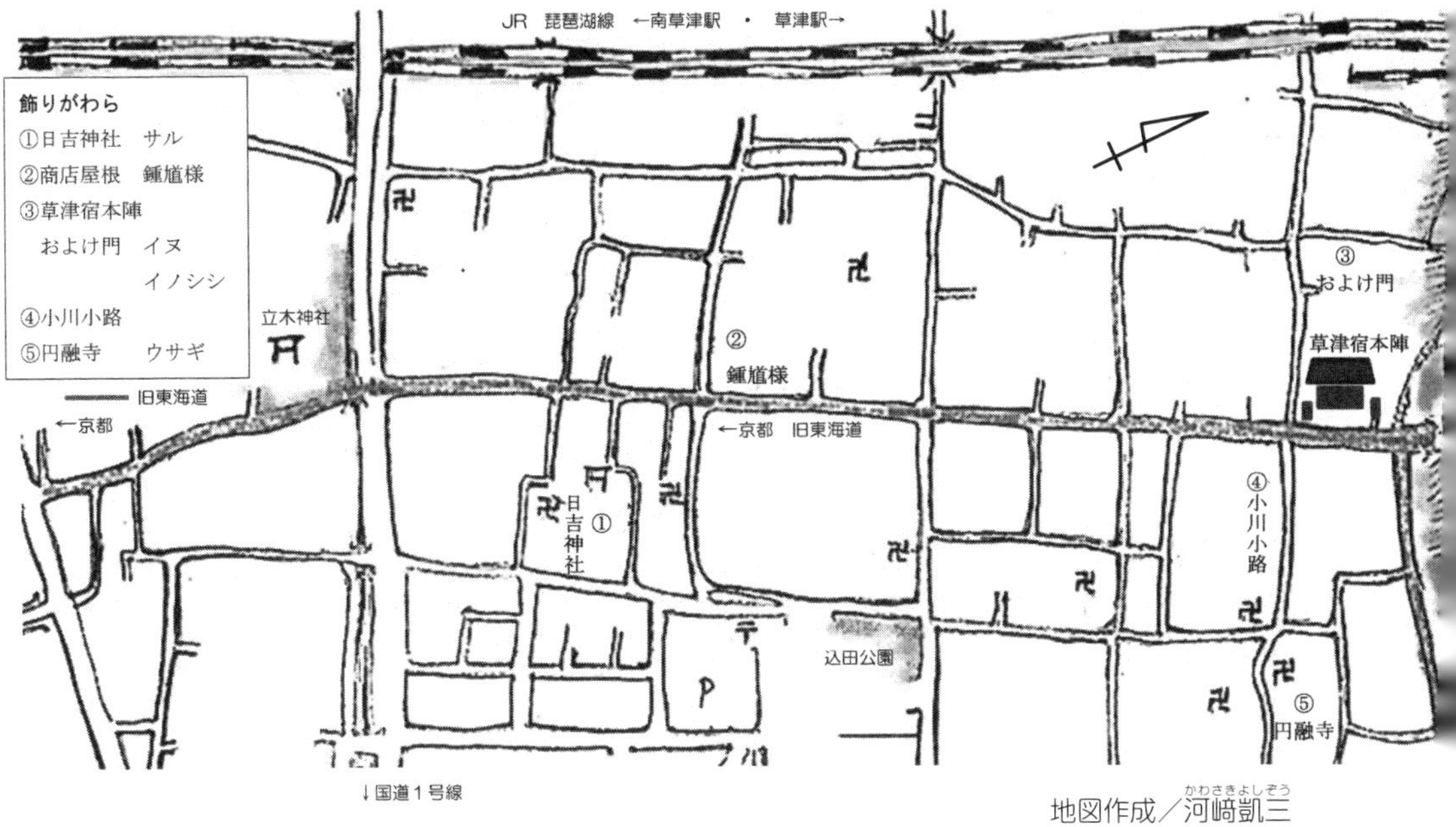

地図作成／河崎凱三《かわさきよしぞう》

を見上げたタケルが、

「ああ、ウサギ。ウサギのサーフィンや」

と大声をあげました。

「何で、ウサギなんですかあ」

ノブヒロが石川さんにたずねました。

「昔は、月にウサギがいると思われていたんや。それで、ウサギはツキを呼ぶといわれててな。それから、もう一つ、ウサギはピョンピョンと、とびはねるやろ。仕事や勉強も、とんとんびょうしでうまくいくようにというねがいもこめられてるんや。波は、火事にならないようにというねがいがあるしね」

「おお、そうなんや」

みんなは、大きくうなずきメモを始めました。タケルも急いでメモを取りました。

はじめは気乗りがしていなかったタケルでしたが、たんけんがすすむうちに、だんだんとわくわくするようになりました。町の中を歩いて、立ち止まって、見上げると、そこには何かがあったからです。

家へ帰ってすぐに、

「お母さん、あのねー」

と、町たんけんで発見した飾り瓦の話をしました。

「わあ、そうなんや。じゃあ、今度の休み、お父さんとお母さんを、飾り瓦を見つけるたんけんにつれてって」

「うん、分かった。ぼく、ちゃんと案内するからな」

タケルは、休みがくるのが待ち遠しくて仕方がありませんでした。

町たんけんのじゅ業が終わって10日ぐらいたった国語の時間に、クラスのみんなで、石川さんやボランティアのおじさん、おばさんにお礼の手紙を書くことにしました。手紙などを書くのが大きらいだったタケルでしたが、心をこめて一生けん命に書きました。

「石川さん。町たんけんの時は、ありがとうございました。

ぼくは、町たんけんがとてもいやでした。なぜなら、この町はおもしろい所はちっともない。めずらしい所も勉強になる所もない。何で今さら、わざわざさがしに行かなくてはならないのか、意味がないと思っていたからでした。でも、見上げると、サルとかイヌ、イノシシ、ウサギ、しょうき様、色々なものがいるのにびっくりしました。そして、それぞれに、色々なねがいとか、思いがあることも分かりました。とってもおもしろいと思いました。ぼくは、その後、お父さんとお母さんといっしょに、飾り瓦をさがしました。カメ、ツル、コイ、それからほてい様とかを見つけることができました。昔の人たちの思いとか、ねがいとか、いのりがつたわってきて、ありがたい気持ちにもなりました。

ぼくは、この町がすきになってきました。もっともっと色々なことを知りたいと思いました。そして、たくさんの人に、この町のことを話したいと思いました。

石川さん、どうもありがとうございました」。

「西野水道」たんけん

文と絵　西《にし》堀《ぼり》たみ子《こ》

愛佳《まなか》は今日から夏休みです。

毎年、夏休みには、高月町《たかつきちょう》 柳野《やなぎの》のおじちゃんちに行って、大好《だいす》きないとこたちと会うのです。

愛佳のいとこは、愛佳と同じ4年生の修司《しゅうじ》と、3年生の耕史《こうし》、そして1年生のあやかです。

おじちゃんちの門を入ると、縁側《えんがわ》から、ひさしぶりに聞くみんなのはずんだ声が聞こえてきました。

「おにごっこしようか?」

「お寺でかくれんぼうしよう!」

そこにおじちゃんが大きなスイカをかかえて、畑から帰ってきました。

「おー、愛佳ちゃん、よぉきたなぁ。あとでみんなでスイカを食べようなぁ」

大きなスイカを、ドボンと、家の横にあるわき水につけました。

「さぁ、スイカがひえるまで、おじちゃんがおもしろい所へつれていってやろうか？」

「うん！　どこどこ？　行く行く！」

みんな身を乗り出して興味津々《きょうみしんしん》です。

「西野水道や。おじちゃんが子どものころ、友だちとよぉ遊びに行ったもんや。今日はそこへつれていったろな」

「どんなとこ？　行ってみたい！」

愛佳は大はしゃぎでとびはねました。


出かける前に、おじちゃんは、西野水道ができた理由を教えてくれました。

それは、文化４（１８０７）年のこと。西野はたびたび洪水《こうずい》の被害《ひがい》を受けていました。それは、この土地が三方を山にかこまれていて、その上、土地もひくく、はけ口がないためでした。

雨がふると、すぐ余呉川《よごがわ》があふれ西野に水が流れこみ、たちまちのうちに、この土地はため池のようになっていました。たんぼや畑は水びたしになり、畑のやさいはくさって、お米は一つぶも取れません。村の人たちはこまりはてていました。

　そんな村人を救《すく》いたい、何とかしたい、と考えた一人のお坊《ぼう》さんがいました。充満寺《じゅうまんじ》の住職《じゅうしょく》、西野恵荘《にしのえしょう》さんです。

「そうだ！　水をさえぎっている西野山を掘《ほ》り抜《ぬ》いて、水をびわ湖に流すしかない！」

　考えに考えて作ったのが、『西野水道』です。

「西野水道はすごいとこだぞぉ。洞窟《どうくつ》なんや。ど・う・く・つ。コウモリもいるかもしれんぞ」

「えー！　どうくつ⁉　コウモリ⁉」

「まずはじゅんびだ、じゅんび！　探検のじゅんびだ！」

　四人は頭にはヘルメット、手には軍手《ぐんて》、そして足には長ぐつをはきました。

　愛佳といとこたちみんなは、おじちゃんといっしょに西野水道の入口まで、自転車に乗って行くことになりました。あやかはおじちゃんの後ろに乗ります。そして、おじちゃんを先頭に一列にならんで走りました。まるでサイクリング気分です。

　余呉川ぞいを南へ2キロほど行くと、西野山のふもとに、ぽっかりと黒い穴《あな》が見えてきました。

自転車をとめ、穴にむかって歩いていきました。あたりは草がぼうぼうとはえ、ペンペン草もいっぱいです。足元を気にしながらじゅくじゅくした道を歩いていくと、目の前に穴の入り口があらわれました。

穴の中は、地面はでこぼこで、頭がおさえつけられるぐらいひくく、とてもせまいのです。

「こんなせまい穴、ほんまにとおれるんか?」

「やっとくぐれるくらいや」

みんなはびっくりです。

「へぇ、この穴、びわ湖までつながってるの?」

「びわ湖はどこにあるの?」

みんなでキョロキョロしました。

そんなみんなを見て、おじちゃんはにっこりしながら指さしました。

「びわ湖はこの山のむこうがわにあるんやで」

みんなは穴の奥《おく》をじーっと見ました。

「ここから掘りはじめたんか」

「スコップやクワで掘ったのかなぁ」

「掘るのは、それはそれはたいへんだったそうや。はじめはツルハシで掘っていくんや。かたい岩はノミをあてがって、かなづちで岩を割《わ》っていくんや。そのころは、機械《きかい》なんてないから、何もかも手作業でするしかなかったんやな」
「それなのに、よぉ掘ろうとしたもんやなぁ」
「それだけ、恵荘さんは、村人たちが苦労《くろう》しているようすを見て、何とかしたい、という気持ちが強かったんやろな」

おじちゃんは立ち止まって、トンネルのゴツゴツした岩はだをさわりながら、みんなに教えてくれました。恵荘さんは、西野山の高さや幅《はば》を測《はか》り、岩のかたさや余呉川からの距離《きょり》を細かく調べました。そして、そのあい間には、石を掘る仕事をしてくれる石工《いしく》さんをさがしました。東へ西へ、北から南へと走り回りました。そして、やっとのことで能登《のと》(石川県)から三人の石工さんが見つかり、彦根藩《ひこねはん》の許しも出て天保《てんぽう》11(1840)年、ついに工事に取りかかることができました。

わすれてはいけないのが、村の人たちの力です。この工事には、ばく大なお金がかかり、藩から出たお金ではとうてい足りません。村の人たちが、自分のざいさんを出し合ったのです。

おじちゃんは続けました。

「いよいよその年の9月、びわ湖がわの西の方から掘りはじめたんや。それは、山の幅がせまく、岩がかたくて、くずれる心配がなかったからや。村人たちは、掘った岩や石を運びだすなど、村をあげて協力《きょうりょく》したんやそうや」

「それで、いつかんせいしたの？」

「弘化《こうか》２（１８４５）年。６年間もの月日がかかったんや。今から１８０年程前のことや。今が令和《れいわ》、その前が平成《へいせい》、昭和《しょうわ》、大正《たいしょう》、明治《めいじ》、って続くやろ。江戸時代の終わりのころや。おじちゃんの、おとうさんの、おとうさんの時分や。ずいぶん昔のことやな」

みんなは、穴の中をじーっと、くい入るように見つめました。そんなにたいへんな努《ど》力《りょく》をしてできたということがすこし分かったからです。

急に、あやかがすわりこみました。

「やっぱりこわいわ！　やめとく！」

愛佳はあやかの手をとって、しっかりいいました。

「わたしが手をつないであげるから、だいじょうぶ」

みんなはおじちゃんを先頭に、あやかを真ん中にこわごわ穴の中に入って行きました。

頭をひくくさげて、からだを小さくちぢめて進みます。

「この穴を手で掘って行ったんか……。もし、上から土や石が落ちてきたら、それこそ大けがになるわ」

愛佳はおもわず両手で頭をおおいました。

「そうなんやで。掘っている穴がくずれ落ちることが何度もあったんやで。そのたびに命びろいすることがたびたびあったそうや」

（そんな危険《きけん》なこともおそれずにがんばり続けられたのは、なんとか村人たちのためにやりとげたい思いでいっぱいだったんだなあ）

愛佳は、手で頭をおおうのをやめました。そして、穴の奥をまっすぐ見ました。


「だんだん暗くなってきたなあ」

「しっかりと目をあけているのに、なんにも見えない」

愛佳はひたすら下を向いたまま、ゆっくり歩きます。

ところどころに水たまりがあるのか　ピシャピシャ、ピチャピチャと、足音だけがひびいています。

その時、先頭を歩いているおじちゃんの大きな声が、少し遠くから聞こえてきました。

「でこぼこ道やぞー。ゆっくり歩けよー！」

おじちゃんの声だけをたよりに、ひっしで歩きます。

まっくらやみの中は何も見えません。右も左も前も分かりません。もっとこわいのは、いつコウモリがとびだしてくるかもしれないのです。

「だいじょうぶや、こっちやで！」とみんなの声が聞こえてきました。愛佳はそれだけで、とても安心しました。

（きっと恵荘さんや村の人たちも、穴を掘りながら、「みんなでがんばろう！」と声をかけあっていたのだろうな）

愛佳が思ったその時、修司と耕史のびっくりしたような声が聞こえて来ました。

「わぁ、水たまりや！」

「きゃっ！　こっちは行き止まりや」

「わぁー、つめたーい！　なんかおちてきた！」

「水みたいや」

ワアワア、キャアキャアみんなの声だけが、まっくらなトンネルにひびきわたります。

あやかの手をにぎる、愛佳の手が少し汗《あせ》ばんできました。

「なんかかわいた草のような、土のようなにおいがする」

「ちょっとヒヤッとして寒くなってきたみたい」

「ここまで来ると、夏でもひんやりとしているんや」

「なんか顔にさわったみたいや！　コウモリかもぉ……」

「だいじょうぶ、だいじょうぶ」

愛佳は、じゅ文をとなえるようにぶつぶついいながら進んで行きます。

「それにしても出口はまだか？」

「ほんまに長ーい穴やなぁ」

すると、おじちゃんがわらいながらいいました。

「まだまだ。長さは250メートルや」

穴の中はまっくらでおまけにでこぼこ道なのに下はツルツル。思うように歩けないので、よけいに長く感じるのです。まだまだ暗い穴の中ですが、やっと少しだけ広い所にきました。そこには小さい電球がついていてまわりをぼーっとうすあかるく照《て》らしています。

「ここがちょうど真ん中あたりやな」

おじちゃんが、みんなの足を止めていいました。

「このあたりはとくに岩がかたくて、掘りすすめられんかったところや。一日に6センチしか掘れんかったんやて。一年かけても35メートル。石工さんたちは疲《つか》れ果《は》てて、能登に帰ってしまったそうや。恵荘さんも困《こま》り果てたやろうけどな、一人で岩に立ち向かわはったんや。泥《どろ》まみれ、汗まみれになった恵荘さんを見て、村人もじっとしていられなくなったんや。それからまもなくして、今度は伊勢《いせ》から石工さんにきてもらうことになったそうや。そして、考えに考えて、こんどは反対がわの東の方から掘りはじめるしかないと決まったんや。そうして掘り続けていくことになった。それがこのあたりで、ちょうどつながったそうや」

「へぇ、それってすごいことや！」

「愛佳も砂《すな》あそびのトンネルでつなげようとして、友だちの手がやっと見えてトンネルがつながったとき、ほんまにうれしかったわ」

「そんなもんとちがうわ！　こんな大きな西野山でつなげることは大変《たいへん》なことなんやで」

修司は口をとがらせました。

「東がわから掘った穴と、西がわから掘った穴が真ん中でつながるということは、よっぽど方向や高さ低さをたしかめながら掘ってたということなんや。そのころは、磁石《じしゃく》はあったので方向をきめたそうや」

「東がわと西がわの距離《きょり》は、どうやって測ったのかな？」

「両はしにポールを立て、なわで長さを測ったりしたのかも」

運動会で、百メートルのラインを引いた時のことを愛佳は思い出したのです。

「きっと、測っては掘る、掘っては測る、のくりかえしやったんやろなぁ」

「その時も、声をかけあって掘っていたんかな？」

「トントン、トントンと、音をたよりに掘っていたのかなぁ」

「そのころは、竹が生活の中でよく使われていたんや。竹の中に水を入れて、トンネルの高低差を測る道具が、水盛《みずも》りなんや。それを使って、測っていたんやろうな」

「なるほど！　水盛りを使って、少しずつ傾斜《けいしゃ》をつけて、びわ湖に水が流れるようにしたんだ！」

（ただトンネルを掘り続けるだけでもたいへんなことなのに、方向や、幅や、かたむきも考えながら掘り続けるなんて。そして、身近にあるもので、こんなに大きな工事をするなんて）

愛佳は昔の人の、知恵《ちえ》と工夫《くふう》に感心しました。みんなはうっすらとしたあかりをたよりにかべをじっと見入っています。

「ほら見てみ、ここにも、ここにもすじがついている」

「岩をノミで割ったあとや」

みんなしんけんな顔つきでのぞきこんでいます。かべや天井は、小さい岩や大きい岩でできていて、その間からジュルジュルと水がしみ出ています。

「それにしてもこんなまっくらな中でどうやって掘ったのかなぁ」

「今みたいに、かい中でんとうはなかったやろ。さざえ貝の中になたね油をいれて、その中にしんをひたして火をともしたんや。なんせ、なたね油の明かりでは手もとが見えるのがやっとやからなぁ。その中で昔の人は歯をくいしばってがんばったんやなぁ」

おじちゃんは、昔の人のことを想像《そうぞう》したのか、フゥと息をはきながらいいました。

「もっとたいへんだったのが掘り出した土や岩を外に出すことなんや。ふじつるで編《あ》んだ『もっこ』というかごに入れて、二人が肩《かた》にかついで外に運びだすんや。こんなせまい所を運び出すのは、それはそれはたいへんなことやったと思うで。それも一日に何十回、何百回やからな。運び出すための横穴《よこあな》も作り、そこからも運び出したんや。そのうちにとなりの村からも、はるか遠くの村からも人が集まってきて、みんなが力を合わせて穴を掘ったんや」

おじちゃんの言葉には、一つひとつに力がこもっていて、村人たちががんばっている様子が伝わってくるようでした。

その時、修司のはずんだ大きな声がひびきました。

「おーい！　あっちの方が明るくなってきたぞ！」

修司が走り出したので、愛佳は思わずあやかの手をはなし、ころがるようにあとに続きました。すると、急にパーッと明るくなって、

「なんにも見えなーい」

「まぶしすぎる」

本当になにも見えないので、両手で顔をおおったり、しばらく目をこすったりして、下を向いたまま動けないでいました。

「みんなゆっくり、そーっと目を開けてみぃ」

おじちゃんはやさしく手で愛佳の顔をなでました。愛佳は、うっすらと目を開けてみました。

「暗い中に、なんか、まぁるいものがぼーっと見えてきたみたい……」

「わぁーだいだい色のまぁるいものが見えてきた！」

「なんか青いのが見えてきたぁ」

「愛佳、これがびわ湖やで」

目の前はひろーいひろーい海のようなびわ湖です。

愛佳はおもわずふり向いて、今通ってきた穴を見ました。

そして、またもう一度びわ湖を見ました。

「そうだったのか。ここにつながっていたのか」

「そうなんや。このびわ湖に、大水を流したんや」

愛佳はしばらくびわ湖をながめていました。これが恵荘さんや村人たち、そして石工たちが見たびわ湖の景色《けしき》です。そのとき、みんなはどんなに感激《かんげき》し、どんなによろこんだことかと愛佳は思いました。

今では大雨がふっても、もう田んぼや畑がどろ沼のようになることはありません。恵荘さんや石工の人たち、そしておおぜいの村人たちが、あきらめずにやりとげたことが、今に続いているからです。

こころをつなぐ和ろうそく

文と絵　楠《くすのき》　秋生《あきお》

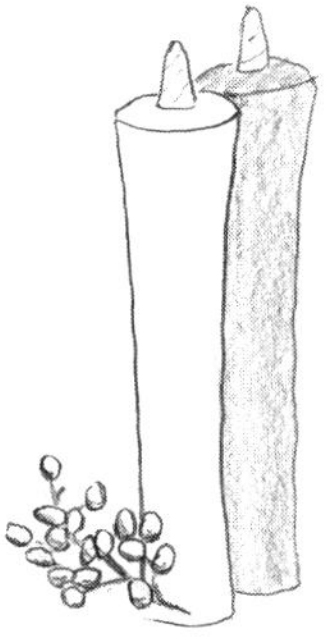

まどをたたく雨が強さをまし、風がぶおぉーっと大きなうなり声をあげました。小学6年のけんたはカーテンのすきまから外の様子を見てみました。がいとうのところだけ横なぐりの雨がはっきりと見えて、さくらのえだが風にふり回されて今にもちぎれそうです。けんたは去年のひどい台風ひがいを思い出しました。あの時は、けんたの通う今津《いまづ》東《ひがし》小学校をはじめ高島市内でたくさんの大きな木や電柱がたおれたり、あちこちで停電《ていでん》が起こったりして大変《たいへん》だったのです。

今回はひどくならないといいなと思ったちょうどそのとき、パッと電気が消えました。あ、停電だ！　あわてて懐中電灯《かいちゅうでんとう》をとりにいこうとして、何かに足をぶつけてしまいました。

「痛ってー」

思わずしゃがみこみ、ずきずきする足をおさえました。真っ暗な中、暴風雨《ぼうふうう》の音だけがどんどん大きく聞こえてきて、こわくなってきました。

お母さんのあほんだら！　なんでこんな日までおそいねん！

けんたがなきそうになったとき、ドンドンドンッと、げんかんドアをたたく音が聞こえました。

「けんちゃーん、大丈夫《だいじょうぶ》ー？」

となりの家のみさきの声です。けんたはなみだをふいて、そろそろと手さぐりでげんかんまで行きました。

「電気が消えたから一人やとこわいやろ。うちにおいでー」

ふだんなら「一人で留守番《るすばん》くらいできるし」といい返すところですが、素直《すなお》にうなずきました。

みさきの家のリビングに入ると、部屋の真ん中にほんわりとした灯《あか》りがありました。それは、真っ暗な中でテーブルのまわりを、やさしくあたたかいオレンジ色にうかびあがらせています。光のもとをみると、20センチほどもある大きなろうそくが、テーブルの上におかれています。けんたはこのやわらかくあったたかい灯りと、そこにうかぶ笑顔《えがお》にほっとしました。

「けんたくん、心細かったやろ。お母さん帰るまでうちにおりな」

「ありがとう」

テーブルにつくとけんたは、あらためてろうそくの火を見ました。それはゆらゆらとゆれて、たてに長くのびたりぼぼぼっとなったりふしぎな動きをみせています。

「きれいやなぁ。たまにはこんな灯りもいいと思わん？」

「ろうそくの火ってこんなに大きくってこんなに動いたっけ？」

けんたはたん生日ケーキの上のろうそくの火を思い出しましたが、もっと小さな火でぽうっと灯《とも》っていただけのような気がします。

「これ、和ろうそくやもん。3年生のとき、町たんけんで行ったやろ？」

もうわすれたの？　とでもいいたげな顔でみさきが目をくりくりさせました。

「そんなの行ったっけ？」

「エーコープのちょっと先の『大與《だいよ》』さん。和ろうそく作ってるところ見せてもらったん、おぼえてない？」

けんたはやっぱり思い出せません。

「ちがうところに行ったんじゃない？　いくつかのはんに分かれてたんでしょう？」

「そうか。でもいっぱい調べて発表したのに、聞いてなかったん？」

「そんな3年も前のことおぼえとらんわー」

「もう、けんちゃんはしゃーないなぁ。ってわたしもあんまりおぼえてないけど」

　みさきがぺろりとしたを出してわらいました。

「町たんけんのとき書いたかべ新聞、たぶんおいてるからさがしてくるわ！」

　懐中電灯をつかむとぱっと立ち上がり、リビングの外は真っ暗やのに。自分の部屋にかけていきました。

　みさきはこわくないのかなぁ。リビングの外は真っ暗やのに。家にまで一人でむかえにきてくれたけど、ぼくならこわくて行けないなぁ。

　ハイツの2階どうしでげんかんは向かい合わせとはいえ、こわがりのけんたにはそんな勇気《ゆうき》はありません。

　おばさんがろうそくのほのおをみていいました。

「和ろうそくはこのゆらぎがいいよね。あの子が町たんけんで話を聞いてきた後、あんまりほしいほしいっていうから、見に行ったんよ。それからわたしがはまっちゃって、時々使ってるんよ。なんとなくほっとするし見ててあきないやろ？　それに長時間もえるから、こういう時には役にたつねぇ」

しばらくすると、見つからなかったとほっぺたをふくらませたみさきが戻《もど》ってきました。

「そうや！　今度の週末《しゅうまつ》、見学させてもらいに行かん？」

「そんなんできるん？」

「聞いてみてあげるわ」

「すごいんやで。まほうみたいにろうそくができていくねん」

手まねしてくれているのをちらりと見て、けんたはまたちろちろ動くほのおに目をやりました。しゃべるときにはく息が空気を動かしているのか、みさきの手ぶりが風をおこしているのか。まるで生き物のようにさまざまに表情《ひょうじょう》をかえるほのおは、ずっと見ているとなんだか気持ちがゆったりと落ち着きます。

窓の外の風のうなり声は今でも聞こえているのに、もう全くこわくなくなっていました。

その週末、けんたとみさきは和ろうそく屋さんに行きました。みさきのお母さんもいっしょです。

店先には花の絵がかかれたのやクレヨンのようにカラフルなろうそくがならんでいて、けんたはびっくりしました。和ろうそくっていう名前からしてなんとなく真っ白なものをイメージしていたからです。

「こんなにいろんな色があるんや」

「むかしからあるんはこの色と赤いのやけどね」

店のおばあさんがうすい茶色のろうそくを指さしました。

「白じゃないんや」

「自然《しぜん》のものやからねぇ。そこのかごに実が入ってるやろ。それがハゼの実や。そのへんの山にも生《は》えてるんやで。秋になったら真っ赤に紅葉《こうよう》する木や」

かごの中には、5ミリくらいの丸くて茶色い実が入っています。細いえだにたくさん集まって、かさかさと音がしそうなくらいにかわいていました。

「その実からとれるロウで作ってるのが、このろうそくなんや。作ってるとこ見に来たんやろ。こっちおいで」

おくに案内《あんない》してもらうと、メガネをかけたやさしそうなおじいさんが大きなはちの前にすわっていました。はちの中には黒っぽい、こい緑色のえき体が入っています。

「今から、手がけをするからゆっくり見いや」

とおばあさんがいすを持ってきてくれました。三人はならんですわって、おじいさんの手元を見つめました。

おじいさんはまず、うす茶色の細長いものに、長いぼうをさしていきました。

「それ、なんですか」

「ろうそくの芯《しん》や。和紙に灯心草《とうしんそう》っていう草をまいて作ってあるんや」

「ぼうをさしていったけど、真ん中にあながあいてるん？」

「そうや、和紙をくるくる丸めてるからな。つつになってるんや。そこから空気が入るから消えにくくってようもえるんや。だからほのおも大きくて明るいやろ」

しゃべりながらそれを右手で一度に7、8本持って、ぼうの部分を台の上でじゃらじゃらと転がしました。そして左手でとけたろうをすくって、芯のところにつけていきます。

「うわぁ。なんか、すごい！」

一本ずつがくるくる回って、全部の芯に同じようにろうがついていき、だんだん色が白っぽくなってろうそくらしくなりました。それを横に立てかけると、べつのたばをとって同じようにろうをかけていきます。

「あつくないん？」

「おふろのお湯くらいやな」

「ふーん。それでできあがり？」

「まだまだ。何回も何回もかわいたらくりかえしかけるんやで。そこにあるできてるのん見てみ。年輪《ねんりん》みたいになっとるやろ」

「わぁ。ほんまや。バームクーヘンみたい！」

おじいさんは二人のしつ問にこたえながらも、手だけはずっと動かしています。左手はどんどんかたまっていくろうでがぴがぴです。

「たんじゅん作業に見えるけど、実際《じっさい》にはむつかしいんでしょうねぇ」

みさきのお母さんがほぉっとためいきをついていいました。

「そうやな。形をおんなじようにそろえなあかんしな。一人前になるんは10年はかかるな」

「そんなに！」

けんたとみさきの声が重なりました。

「気温やらしつ度やら毎日かわるやろ。かたまりにくかったり、ひびわれたりするんや。きせつによってもちがうし、自分の体調によってもかわるからなぁ」

「えー。そんなん、めっちゃむつかしいやん」

「せやから10年や。10回きせつをくり返して、いろんなじょうきょうに対応《たいおう》できるようになるんや」

「今日だけ上手《じょうず》にできてもあかんねんなぁ」

「これだけ手間ひまかかってたら、ねだんが高いのも分かるわぁ」

みさきのお母さんが感心したようにいいました。

「ざいりょうも、きちょうになってきとるからなぁ」

「さっき見たハゼの実？」

「そうや。ハゼノキ自体はどこにでも生えとんのやけどな。ちぎり子さんっていう実をとる人が、高れい化しておらんようになってきてるんや」

「大変やん。和ろうそく作れんくなるやん」

「いろいろ考えなあかんことはいっぱいやけどなぁ。そんでもきばってええもん作って、伝統《でんとう》を守って伝えていかなあかんと思てる。和ろうそくの灯りはあったかくてええやろ？」

「うん、分かるわ。この前てい電したとき、真っ暗なところから和ろうそくのある部屋に入ったら、心がほわってあったかくなったもん。おしゃべりしてるときも、いつもよりみんなが近い気がした」

「あのとき、楽しかったよね」

「火をかこむとやさしくなれる気がするからなぁ」

おじいさんがにっこりわらって最後《さいご》のたばをおいた。

「それ、何回かけたら終わるん？」

「回数やないな。ちょうどええ太さになったらや。それでしまいに上《うわ》がけするんや」

「上がけって？」

「きめの細かい白《はく》ろうっていうのをかけることや。そっちのとこっちの、色がちがうの分かるか」

指さされた二つを見くらべると、片方《かたほう》はすべすべでだいぶ白い色をしています。

「仕上げのお化粧《けしょう》やね！」

「そうや。それと白ろうの方がとけにくいから、真ん中のとけたろうがたれんようにするていぼうにもなっとるんやで」

「うわー。なんか、ひみつがいっぱいや」

けんたがおどろいて声をあげると、おじいさんがうれしそうにいいたしました。

「あとな、もう一つ大事なひみつがあるんや。すすがあんまり出えへんから、ぶつだんもよごれにくいんやで」

「ええとこいっぱいあるやん。ぼく、和ろうそくのおうえんだんになるわ」

「そらたのもしいな」

おじいさんが明るくわらい声をあげました。

けんたは今度いなかに帰る時にはおこづかいで和ろうそくを買って、おばあちゃんのおぶつだんにおそなえしようと思いました。

ぼくら八日市《ようかいち》飛行場《ひこうじょう》で会ったよね

文と絵　松本《まつもと》由美子《ゆみこ》

「陽《よう》、これ、行かへんか?」

お兄ちゃんは、ぼくに一枚《まい》のチラシを見せた。〝滋賀戦争遺跡《しがせんそういせき》めぐり〟8月2日とあった。

お兄ちゃんは戦争のことについて、前に自由研究をしていたのでよく知っている。とくに飛行機《ひこうき》のことはくわしい。

ぼくがまよっていると、

「よし、決めた。いっしょに行こ!」

このひと言で、二人で行くことになった。

その日、近江八幡《おうみはちまん》駅前に待っていたバスに、20人くらいの人たちと乗った。

お兄ちゃんがアメをつかんでぼくにくれたので、一つ口へほうりこむとのこりをポケットにつっこんだ。バスは動き始めた。

案内《あんない》役の野々宮《ののみや》さんは、ぼくのおじいちゃんくらいの年かなぁ？　背はそんなに高くなくて、やさしそうな人だ。野々宮さんがいった。

「『八日市飛行場跡《ようかいちひこうじょうあと》』へ行く前に、布引丘陵《ぬのびききゅうりょう》の『掩体壕跡《えんたいごうあと》』を、先に見ておきましょう」


『掩体壕』は、しめった草の中にあった。

それは、ひくいトンネルのようで中は土でうまっていた。

長さは36メートルもあって、かんせい前に戦争が終わったのでつくりかけのままだ。

「ねえ、何で、あんなトンネルみたいなん、つくらなあかんかったんやろう？」

ぼくは、お兄ちゃんに聞いたのに、野々宮さんが先にぼくに聞いてきた。

「ぼく、何年生ですか？」

「……5年生です」

ぼくは急に聞かれたのでドキドキした。

「そうですか。太平洋戦争のことは知っていますか？」

「はい、おじいちゃんが子どもの時に、戦争があったって聞いたことあります」

「そう……」

野々宮さんは、にこっとわらってぼくたちに話してくれた。

「この壕がつくられたんは、太平洋戦争が終わるころのことです。日本は、アメリカが本土に上陸《じょうりく》して来た時のために、飛行機をのこしておく必要《ひつよう》があったんですね。軍《ぐん》の命令《めいれい》で、飛行機をかくすために、掩体壕はつくられたんです。全部で17基《き》。ここはのこっている二つの内の一つです」

ぼくたちはだまって聞いていた。


バスは次に、『冲原神社《おきはら》』に着いた。

戦争のあったころ、『八日市飛行場』の敷地《しきち》内にたてられていた神社は、公園の中にあった。飛行場跡地は住宅地《じゅうたくち》になっていた。

かんかんでりの中、野々宮さんから、いくつかの写真パネルを見せてもらった。

そこにうつっていたのは、飛行場の中にあった格納庫《かくのうこ》（飛行機を入れておく建物《たてもの》）や兵廠《へいしょう》（飛行機を整備《せいび》したり、修理《しゅうり》したりするところ）。また、戦争に負けた日本の、４００機もの飛行機が、アメリカ軍によって燃《も》やされているところの新聞記事だった。

最後《さいご》に、野々宮さんは飛行場の門の写真を指さした。

「鉄不足《ぶそく》で、鉄のとびらは、木にかえられたんですよ」

ぼくたちは公園の中に、昔のままで残されているという門柱の所へ案内された。それは木かげに、ひっそりと立っていた。

みんなはバスの方へ歩き出していた。だけどぼくは、なんだか門柱が気になった。あたりが一瞬《いっしゅん》シーンとなった。ぼくが、そっと門に手をふれたとたん、木の葉がザワザワッとゆれて、フッと身体が前へうかいた。


ドンッ！

「いて！」

男の子と、ぶつかった。

その子はよれよれのシャツを着ていた。

(なんだかへん！　お兄ちゃんたちは？　これってワープってやつ？)

「……ここは、どこ？」

「何、ねぼけとるんや！」

「……」

見上げると目の前に、大きな門柱と木のとびらがあった。とびらの中の敷地には建物がいくつも見えた。道路のむこうには畑が広がっていた。

「ま、ええわ。こっちへ来いよ！」

ぼくらは道路をわたって、畑のそばのみぞのふちにすわった。

「おれは、武《たけし》いうんや。おまえは？」

「ぼく、陽一郎《よういちろう》」

「陽ちゃんか。ここはなぁ、飛行場や」

門の方を指さして武ちゃんがいった。

「おれの兄ちゃんは、ここで飛行機の整備工《せいびこう》してるんやで！」

「飛行場？　もしかして太平洋戦争……中なん？」

「……、戦争中って、当たり前やん。にっくきアメリカをやっつけるんや。ここで飛行機乗りの兵隊《へいたい》さんは、操縦《そうじゅう》の練習してはるんや」

「兵隊さん？」

（ぼくは、ドキドキしてきた）

「おれの家なぁ、銭湯《せんとう》してんねん」

「銭湯？」

「えっ！　知らんの？」

「知ってる。入ったことないけど」

「父ちゃんがなぁ、戦争に行ってはるさかい、じいちゃんと母ちゃんがやってはるんや」

「お父さん、戦争に行ってはるの？」

「うん……。銭湯になぁ、兵隊さんが、時々来はるんやぁ。おれも大きゅうなったら、飛行機乗りになりたいねん」

「武ちゃんって、すごいなぁ。ぼく、大きいなって何になるかって考えたことない」

「そうかぁ。おれは早《はよ》う、はたらきたいんや。母ちゃん、楽にしてやりたい」

「あっ、そうや！　ぼくなぁ、飛行場があったところ。ここや、ここ！　今見学してたとこなんや」

ぼくは飛行場を指さした。

「えっ？　何いっとんねん。飛行場の中に入れるわけないやん。今はな、ここには飛行機、1機もないんやて。山ん中にかくしとるらしい。よう知らんけどな、ひみつやし。風呂《ふろ》に来てるおっちゃんたちがいいよったの、聞いたんや」

「あ、えんたい……」

ぼくが、いいかけた時、

「いいもん、見してやろうか」

武ちゃんは、ズボンのポケットから布《ぬの》につつんだものを取り出して見せてくれた。

「メタルやで！」

「えっ！　ぼくもこれににたやつ持ってる。前におじいちゃんにもらったんや」

「おじいちゃんにもろうたん？」

「うん」

「そうかぁ……。ここんとこ見てみぃ。飛行機の風ぼうガラスや。われたやつで作ったんやて。兵隊さんがいってはった」

「飛行機みたいな形してる」

「そうや、飛行機や。このくさりは電線で作ったんやて。うまくできてるやろう？」

「ほんとや！　おじいちゃんにもらったの、こんなきれいやなくてな。ガラスんとこ、こすれてくもってたし、くさりもついてなかったなぁ」

「あんなぁ、ここするとええにおいがすんねんで」

武ちゃんは、よごれた指でガラスをこすった。

「におうてみぃ」

「うん」

かすかにリンゴのようなにおいがした。

「だいぶ前になぁ、家の近くに飯場《はんば》があってん。飛行場を広げる工事をしている兵隊さんがいはったんや。そん中のひとりがタバコ、すきでなぁ。『家にタバコないか?』って。『タバコとメタル、交換《こうかん》したる』って」

「持ってったん?」

「うん。じいちゃんが配給《はいきゅう》でもろうて大事にしとったやつ、こっそり3本ぬいてな」

武ちゃんは、へへへ……と、頭をかいた。

そしてメタルを大事そうに、そっとつつむとポケットにしまった。


「せや! 3日前、グラマンが攻撃《こうげき》して来たやろ?」

「グラマンが攻撃? グラマン……。前にお兄ちゃんから聞いたことある」

「聞いたことあるって。陽ちゃん、何ねぼけてんねん」

ぼくはドギマギした。

「朝、神社で体そうしていた時にな、空襲警報《くうしゅうけいほう》が鳴ってん! おれら、すぐにげて帰ったんや。家がもうすぐそこってとこで、つまづいて転んでしもうて。犬のクロがいっしょに走ってたんやけどな、『ダダダダーッ』って。目の前でたおれてん」

「うたれたん?」

「うん。母ちゃんが、『たけー、たけー』ってさけんで、家からとび出て来てん。クロ、ゆすっても、もうピクッとも動かんかった。母ちゃんが、『クロは、おまえの身代わりになってくれたんやぁ』って。クロ、温こうて……。ずっとだいとったら母ちゃんが、『うめたりぃ』いうて。うらの木のそばにうめてやってん」

「かわいそうやったね」

「うん」

武ちゃんは、こぶしで目をゴシゴシこすった。

「このメタル、クロに見せたらな、クンクンして、うれしそうやったのに……」

武ちゃんはポケットの中のそれを、ぎゅっとにぎりしめた。

ぼくもポケットをぎゅっとにぎった。

(あっ! アメ)

「武ちゃん、食べる?」

ぼくは、ポケットに入っていたアメを取り出した。

「何? これ」

「アメ。ここをやぶって開けるんや」

ぼくらはアメを食べた。

「あまい！　こんなんはじめてや」

（ぼくはアメをくれたお兄ちゃんのことを思い出して、急に心細くなってきた）

「武ちゃん、ぼく、もう帰らんと」

「どっから来たんや？」

「今の時代と違うとこ。70年後から……かなぁ？」

「何、分からんこというとるんや！　陽ちゃんさっき、あの門のそばでおれにぶつかってきたよなぁ」

「門に？」

「そうや！　あん時、門にさわったんやった。もう一回さわったら帰れるかも……」

「うん、ためしてみよう！」

ぼくが門の方に走って行くと、武ちゃんも追いかけて来た。

近づくにつれ、あたりがザワザワっとゆらぎ始めた。

もっと武ちゃんといたかったけど思い切っていった。

「武ちゃん、さよなら……」

武ちゃんは目をまん丸にして、ぼくを見ていた。

――ぼくは門柱にさわった。

「おい、陽、どこ行っとんたんや！　さがしてたんやぞ」

お兄ちゃんは、ぼくをのぞきこんで少しイライラしていった。

門柱のそばにぼくはいた。

「あんな、お兄ちゃん！　ぼくな、ここの飛行場でな……」

といいかけたけど、お兄ちゃんはもう、さっさと待っているバスの方へ歩き出していた。

（おじいちゃんにもらったメタル、つくえの引き出しに入れたはずやけど、まだ、あるかなぁ……。帰ったらさがしてみよう）

「待ってぇ！」

ぼくはお兄ちゃんの後を追いかけた。

ヨシの原のこわい話

文　古田紀子《ふるたのりこ》
絵　克《か》つ

これはな、じいちゃんがまだ子どもやったころの話や。そやな、オマエとおんなじくらいの、10歳《さい》やったかな。びわ湖の湖岸道路ができるもっと前の話や。

ヨシって植物、知ってるか？　そや、びわ湖のほとりにはえてる、背が高くて細いくきのな。あれはな、くきの中は空どうになってんねん。

じいちゃんが子どものころはな、家からまっすぐびわ湖へいくと、ヨシの原が広がっていたんや。

ヨシは、10歳くらいの子どもの身長よりもはるかに高くてな、しげみに足をふみ入れたら、どこに向かって歩いているのかわからなくなってな、めい路みたいなもんや。

めい路にはまりこんで、まよったらさいご、出てこれんようになってな、湖に足をすくわれておぼれてしまうから、一人で行ったらあかん、ていわれてたんや。

そやけどじいちゃんはな、よくつりに行っとった。あるときヨシの原でな、不思議な夢をみたんや。

＊＊＊

冬晴れの真青な空をひこうき雲がよこぎっていく。ヨシが風にゆれてカサカサと音を鳴らした。

頭の後ろと背中《せなか》に地面を感じた。どうやらヨシの原にねころがっているようだ。

ピチャンと音がしたので、そばのカゴをのぞくと、中にはにぶいはい色のコイがいて、口をパクパクさせている。はねるたびにオビレがカゴのへりにあたって音がする。

まだ何もつってないはずなのに、おかしいなぁと首をかしげていると、おなかがグウと鳴った。オレは立ち上がると、カゴとつりざおを持って、ヨシをかきわけ、家路についた。

見上げると、金色に光るヨシの間から青い空がのぞいている。

オレが歩くと、ヨシの原はカサコソと音をたてた。５分くらいで、家について、げんかんの戸をあけるとオレは家の中に向かってさけんだ。

「かあちゃん、今日はコイがつれたで！」

オレはクツをぬぎすてると台所へ向かった。

「まぁ、そりゃよかったな。さしみにすましに、塩焼《しおや》き、コイこく……」

母さんの声がうたうように聞こえた。


今年も、たくさんの水鳥が湖《みずうみ》にやってきた。秋に北の国からわたってくる鳥たちはびわ湖で冬をこす。いつにもまして水面がさわがしい。

「ほら、うみに冬鳥がふえてきた。じきにヨシがりの季節《きせつ》や」

朝食のとき、母さんがいった。このあたりの人はびわ湖のことを「うみ」とよぶ。たくさんの水をたたえた湖は、なるほど、水平線がどこまでも続いていて、ほんとうに海みたいだ。

わがやでは、じきになると家族そう出で茶色くかれたヨシをかる。ヨシ専門《せんもん》の会社が高く買い取ってくれるのだ。

びわ湖のヨシは、しつがよいといわれ、高値《たかね》で売買される。買い取られたヨシは、ヨシズや建具《たてぐ》などに加工されて大阪《おおさか》や京都で売られる。農業が休みの間の大切な収入源《しゅうにゅうげん》だ。

ヨシがりは、オレもてつだう。足にヨシの切り口がささらないように特別《とくべつ》なゲタをはいて、かっていく。ヨシをかるのは単調で、こしをまげて作業するので、けっこう根気がいる。

オレはてつだわされるのがいやで、学校から家に帰ると、カバンを放り出して、つりざおとカゴを持ちだした。

「行ってきます！」

「どこ行くん？　帰ってきたばっかりやろ」

母さんがげんかんに出てきた。

「つりしてくる。ばんのおかずとってくる」

「一人で行ったらあかん！」

「だいじょうぶや」

オレは母さんが止めるのも聞かずに、湖岸に向かった。このうみでは、コイやフナがつれる。つった魚は、夕食のおかずの一品になる。

このごろのオレは、育ちざかりのせいもあって、いつもおなかをへらしていた。つまりは、ヨシをかるより、魚をつる方がオレにとっては大切なことだったのだ。

ヨシの原を分け入ると、とつぜん水鳥が飛びたった。サンカノゴイだ。長くのばした首にヨシが枯れたようなもようがあるため、ヨシの原にまぎれると見分けがつかない。

水べに場所をきめて、つり糸をたらした。いつもは、すぐになにかの魚がひっかかるのだが、今日は一ぴきもつれない。

冬のよわよわしい太陽にてらされたうみの水がおだやかにゆれている。風がときおりふいて湖面をゆらした。

ポチャンと水面に石を投げ入れたときのような音がして、急につりざおが引っぱられた。あわててさおを引くが重くて持ち上がらない。足をふんばると、その足場はグニュとしずみこんだ。また強い引きがあり、さおに引っぱられ次のしゅん間、ボチャンと音がした。

オレはびわ湖の中に落ちてしまった。鼻や口から水が入ってきて、きっと苦しくなると、目をかたくつむったが、いっこうに苦しくならない。おだやかに、からだがゆれている。おかしい、ぜんぜん平気だ。

おそるおそる目を開けると、ヨシが湖底《こてい》から生えているのがみえた。その間をぬうようにコイやフナが泳いでいく。

明るい方を見上げると、そこには水面があった。太陽の光が波間からキラキラとふってくる。いったいどうしたんだろうか。グゥとおなかがなった。

「はらへったなぁ」

オレはひとり言《ごと》をつぶやいた。

「あっちにいくとエサがあるよ」

目の前で大きなコイが口をパクパクさせながらヒレをふった。赤と白のはん点がある。

「え、おまえ、今オレにいった？」

「うん、あたし、あんたに話かけた」

「おまえ、コイやんな？」

「ヘンなこときくなぁ。自分だってコイやん」

「え、え？　オレ、今、コイなん？」

「あんた、どうみたってコイやで」

「おまえのように赤と白の？」

「うーん、あんたは、はい色や」

オレはちょっとがっかりした。だって赤とか白の方がはい色より、はなやかやし。

「それに、あたしのいってることが分かるんやろ？」

「そういわれてみたら、そうやな」

つまり、コイの言葉がしゃべれるってことは、オレ、本当にコイになってしまったんや

ろか⁉

オレは、落ち着こうと、口をパクパクさせた。人間だったときのクセで、肺《はい》で息をするイメージがあったけど、オレは今、魚だから、水中にいる。エラで息をしているらしい。どうやって、そうなっているのかわからないけど、体はしぜんと息をしてくれている。習ったわけじゃないのに、泳げるし、息もできる、なかまとおしゃべりだってできる。こんなことってある？　さっきまで人間だったのに、急にコイになってしまうなんて。

でも、とにかくオレはおなかがすいていた。

「なぁ、さっき向こうにエサがあるっていったやろ？」

「オレ、おなかペコペコなんや。エサのあるところにつれてってくれへん？」

「うん」

「わかった。じゃあ、ついてきて」

赤と白のコイはそういうとクルリと後ろを向き、ヨシの間をぬって泳いでいった。

オレも、あわてておいかけた。ヨシのくきには水草やカエルのタマゴがひっかかっていたり、タニシがくっついていたりする。その間を小魚たちが泳ぎ回り、からまった水草をつついたり、休んだりしている。目の前をカイツブリが横切り、クチバシでモロコをはさんで水面へのぼっていった。

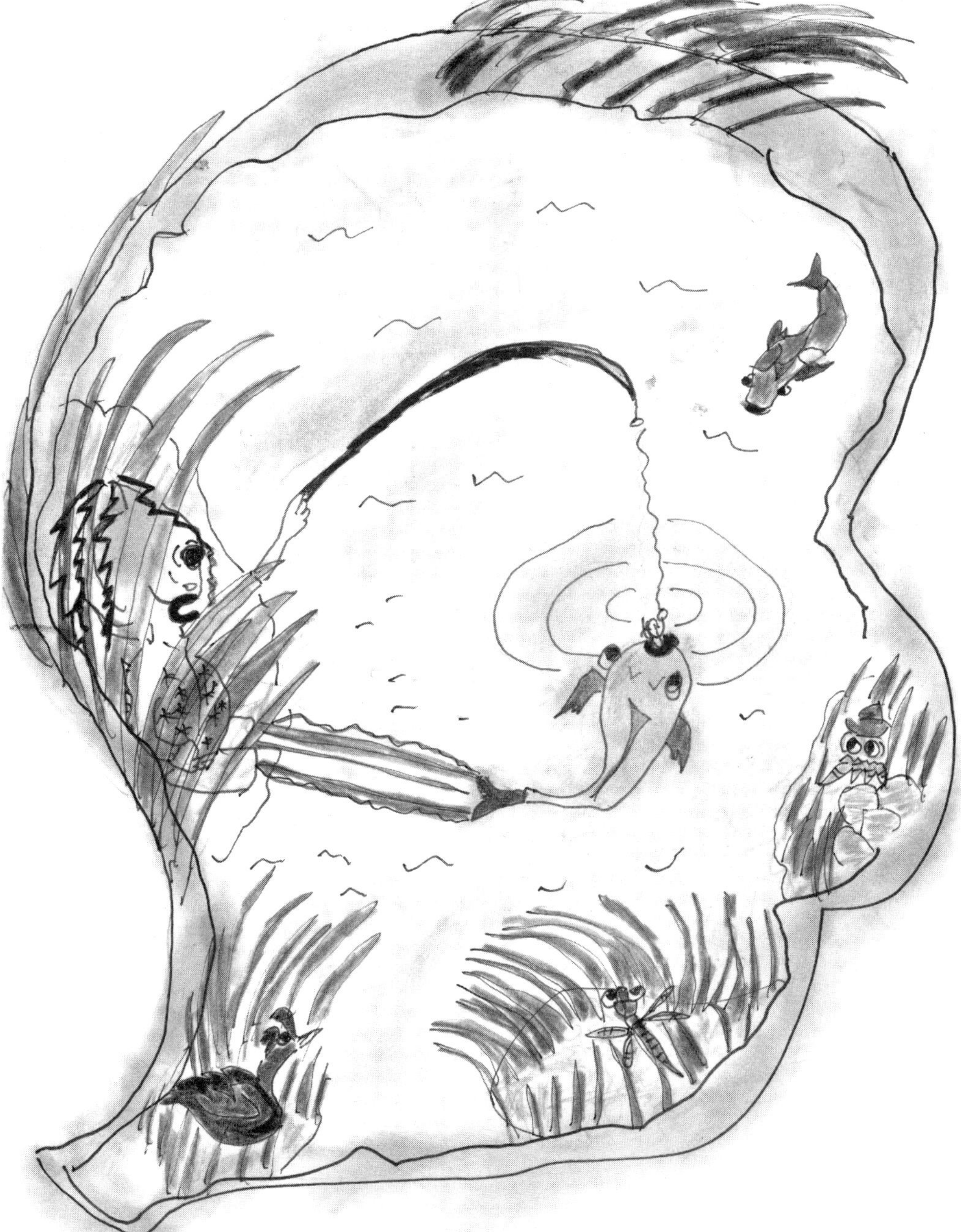

びわ湖の中ってこんな風になってたのか。知らなかった。オレはあたりをみわたした。しばらく泳いでいると、おいしそうなにおいがしてきて、またおなかがグウと鳴った。

「ほら、ここ。待っててごらん。じきに上からエサが落ちてくるから」

水面を見上げると、太陽の光といっしょに、パラパラと粉《こな》のようなものが落ちてくる。おいしそうなにおいは、どうやらここからただよってくるようだ。

「でも、気をつけてな。ときどき、エサの先に糸がついていて、人間につり上げられることがあるから」

「つられたらどうなるん?」

「二度とここには戻ってこられへん。あたしの母さんはなん年か前につられたきり、戻ってこんかった」

「そうか、わかった。気をつける」

そうはいったものの、がまんできないくらいはらぺこだった。だって、学校でお昼を食べたあと、なんにも食べてないんやもん。

オレはがんばって口をパクパクさせて、落ちてくる粉を食べた。もっと、もっと食べたい。ひときわ大きなかたまりが落ちてきた。それはミミズだった。右に左に細長い体がおどっている。

「おいしそう！」

人間だったときは一度も思ったことがないのに、まるまると太ったそいつは、いかにもうまそうにみえた。オレがミミズにとびつこうとしたとき、

「それはアカン！　人間のワナや！」

赤白のはん点のコイがさけんだが、おそかった。はらぺこにまけて、ミミズをパクリと飲みこんだ。

「ウゲッ」

口の中にハリのようなものがささり、いたくて体を思い切りふり回した。そのしゅん間《かん》、体がすごい早さで持ち上がり、水面から引き上げられた。

地上では男の子が、つり糸をたぐりよせ、オレの体をかた手で持つと、もう一方の手で口にひっかかったハリを外してくれた。

はぁ助かったと思ったが、そのままオレはカゴに入れられた。カゴには先客がいた。タニシとドジョウだ。

「おやおや、おまえさんもつかまったんか」

タニシがしゃべったので、またまたビックリした。

「オレ、どうなるん？」

口をパクパクさせた。

「つれて行かれて、調理されるんや」

「ええっ、食べられてしまうん？」

「そうやろうねぇ。まな板の上で、ウロコも皮もはがされて、切りきざまれてさしみにされるんやろうよ」

タニシの言葉にオレはふるえあがった。

「ヤダ、まだ死にたくない。どうにかしてここからにげないと！」

そうこうするうちに、男の子はかごを持ち上げて、歩き出した。5分くらいで家についたようで、カラリと戸が開く音がして「かあちゃん、今日はコイがつれたで」と家の人によびかける声が聞こえた。

「まぁ、そりゃよかったな。さしみにすましに、塩焼き、コイこく……」

女の声がうたうようにこたえる。

ちょっと、まって。この会話、どこかで聞いた気がする。けど、どこで聞いたんやったっけ。でも今は、それどころじゃない。オレはあせっていた。

ヤバい、食べられてしまう。父さんにも母さんにも妹にもさよならをいってないのに、これでオレは死んじゃうのか？

カゴの中に女の手がにゅっとのびてきて、オレをつかんだ。体を思い切りふり回したけれど、女の力の方が強くて、にげることができない。

女はオレをまな板の上にのせた。絶体絶命《ぜったいぜつめい》のピンチ！　オレはオビレをパタパタさせた。女は左手でオレの体をおさえ、右手は包丁《ほうちょう》をにぎっている。包丁の切っ先が、エラのところにあたる。

ちょっと、まって。これって、かあちゃんの手や。そや、声もセリフもどっかで聞いた気がすると思ったんや。かあちゃん、オレや、みのるや。やめてくれー！

背中に地面を感じた。両手をかかげてみると、指があって、つめもある。顔をおおうと、目があり、鼻があり、口がある。たしかに、人間だ。

「元にもどったんや！」

ほっとして、起き上がった。ちゃんと足もあって動くこともできる。ピチャンと音がしてふりむくと、カゴのふちからはい色のオビレがのぞいた。

＊　＊　＊

これで、じいちゃんの話はおしまいや。実はな、これな、江戸《えど》時代のこわいお話をあつめた『雨月物語《うげつものがたり》』って本の中の話とにてるんや。子どものころ、こわい話が好《す》きでな、頭にのこっていて、こんな夢をみたのかもしれんな。

気になったら、おまえも読んでみ。江戸時代のびわ湖のことがかかれているで。

ジェーンちゃんのなぞ

文　尾崎美子《おざきよしこ》
絵　たかむらゆき

あかねが通う平野小学校では、毎年秋になると、全校生徒《ぜんこうせいと》が楽しみにしている行事がある。いつもは、大津市歴史博物館《おおつしれきしはくぶつかん》に展示《てんじ》されているジェーンちゃんが里帰りしてくるのだ。ジェーンちゃんとは、今から91年前、アメリカの子どもたちから送られてきた人形のことだ。

アメリカと日本の関係《かんけい》が悪くなっていたころ、アメリカ人牧師《ぼくし》シドニー・ギューリックさんの呼《よ》びかけで、多くの人形が、日本の子どもたちに送られてきた。ジェーンちゃんはその一人。

ところが、その後、日本とアメリカは戦争《せんそう》を始めてしまった。戦争の中で多くの人形が

「敵国の人形だ」といって、こわされてしまった。苦しい時代を生きてきたジェーンちゃんのことをわすれないようにと、毎年、5年生と6年生の委員が、「にこにこ集会」でみんなにつたえている。

今年5年生になったあかねは、にこにこ委員になった。

委員会では、ギューリックさん役の人、先生役の人にインタビューすることで、ジェーンちゃんのことをつたえていくことが決まった。少しずつ台本が仕上がっていった。

ところが、多くの人形がこわされる中で、ジェーンちゃんをだれがどのようにしてかくしてきたのか、それはまったくのなぞだった。

「1972年の新聞に、『教室のかべ板の中から発見された』って書いてあるのを見たよね」

「ジェーンちゃんは、ずいぶん長い間かべ板の中にいたんだね」

「どうして、かべ板の中だったんだろう」

「だれかが、かくしたんだよ」

「だれが?」

「先生かな」

「子どもかも知れないよ」

「こわさないでほしいと思った子は、きっといたと思う」

意見はまとまらない。

「だれか知っている人、いないかな」

「校長先生に聞いてみよう」

まだ配役の決まっていないあかねと早紀《さき》、奈央《なお》そして6年生で台本係の山本君は、校長室へと走った。

「うーん。西村さんだったら、ここの卒業生《そつぎょうせい》だから、何か知ってるかもしれないね」

さっそく、西村さんの家に行って話を聞くことにした。

校長先生が書いてくれた地図を見ながら、本宮《もとみや》の坂道をどんどん登っていくと、西村さんの家はあった。白かべのへいが長く続く大きな古い家だった。木の門の前で、緑色のチェックのワイシャツを着た、やさしそうなおじいさんが待っていてくれた。西村さんだった。

「よう、きはったなあ。坂道、きつかったやろ。『校長先生から、とても熱心《ねっしん》な児童《じどう》が行くからよろしく』って電話がありましたよ」

応接間《おうせつま》に通された四人は、さっそくジェーンちゃんのことを聞いた。

「だれが、ジェーンちゃんをかくしたのかは知らんがなあ。あのころは、あちこちの幼稚《ようち》園《えん》や小学校で、青い目の人形は、敵国の使いじゃ、スパイじゃいうてこわされたり、やかれたりしとったさかいなあ」

「そんなことしたなんて、どうしても信《しん》じられないんです」

「そうじゃろうな、わしには、今でもわすれられんことがあるんじゃが」

西村さんの顔がくもった。

「わしの友だちでな、他の小学校に通っとった子から聞いた話じゃがな」

西村さんは、話を続けようかどうしようか、まよっているようだったが、しずかに話し始めた。

「朝、登校すると、校庭にこわされた人形があって、先生から『敵国の人形だ、ふんで行け』といわれたらしい」

「かわいそう、人形は関係《かんけい》ないのに」

「友だちはその場にすわりこんでしまった。そしたら、いつもはやさしい先生が、『日本の国が大事じゃないのか、強い子でしょ』っておこらはってなあ、友だちからも『弱虫』っていわれたって、くやし泣きしとった。『なんでや、この間までいっしょにあそんどったのに』って」

（いじめみたい）あかねは思った。

「わたしも、そういうことが起こったら、にくい国の人形だとふんだり、ふまない子を弱虫といったりするのかなあ」

「そんなことしない」

「でも、みんなふんでいるのに、わたしだけふまないって、そんなことできるかな」

みんな、だまりこんだ。

「ほんまにな。あのころは、みーんなおかしゅうなっとった」

西村さんがお茶を入れてくれて、おくさんが、「力餅《ちからもち》」を出してくれた。

「うあー、力餅。だーいすき」

みんなの顔がほころんだ。

「そうじゃ、そうやって、思うたことといえるのは、ええもんじゃ」

「けっきょく、真相《しんそう》はふめいか」

山本君がつぶやいた。

「お役にたてんかったかなあ」

西村さんは白髪《しらが》の頭をかいた。

そのとき、おくさんが西村さんの方を見て、思い出したようにいった。

「あのころ、平野国民学校《こくみんがっこう》（今の平野小学校）の児童がふえて、教室が足りんようになったって、いってはったじゃないですか、それで、教室を広げる工事をしてはったって」
「そうやった。そうやった。昔、さいほう室やったとこを、教室にする工事をしてたんや。そうか、あのとき」

西村さんの目がかがやいた。

「おおっ、なんだか台本、書けそうな気がしてきた」

山本君がガッツポーズをした。

力餅は、きなこがいっぱいまぶしてあってあまくておいしかった。

「にこにこ集会」の日になった。いよいよ委員会の発表の時間だ。

体育館では、全校生徒1120人がしーんとしずまった。

スクリーンにはジェーンちゃんの写真がうつし出された。司会者《しかいしゃ》が舞台《ぶたい》に立った。

「ジェーンちゃんは、1927年、アメリカ合衆国《がっしゅうこく》のコロラド州からやってきました。パスポートやビザ、片道切符《かたみちきっぷ》を持って、多くのなかまと船で神戸港に着いたのです」

「なぜアメリカから来たのでしょう。なにをしに来たのでしょう。そのことを知っている方をゲストとしておよびしています。シドニー・ギューリックさんです」

ギューリックさん役の6年生が、大きいせびろを着て堂々《どうどう》と登場した。落っこちそうなひげをなでながら。

「日本ではたらいていたギューリックさんが、アメリカに帰ったときのことですね」

司会者が聞いた。

「そのころ、アメリカでは不況《ふきょう》といって、仕事のない人がふえて、国がまずしくなっていたのです。アメリカがまずしくなったのは、よその国からやってきた移民《いみん》がいるからだ、アジアから来た移民を追い出せ、という運動があちこちで起こっていたのです。大人たちはすっかりかわってしまいました。日本にはすばらしい人がいっぱいいるのに、アメリカの人々は、日本の人々のことをきらいになっているようでした」

「かなしいですね」

「それで、子どもたちには、いろいろな国の人々と、なかよくできる人に育ってほしいと思いました。日本には、ひなまつりといって人形をかざって、子どもの成長《せいちょう》をお祝《いわ》いする習慣《しゅうかん》があるでしょう。そこで、アメリカ中の子どもたちに『日本の子どもたちに人形を送りましょう』とよびかけたのです」

「子どもたちはさんせいしてくれましたか」

「はい、みんな、おこづかいを持ちよって、お母さんたちは、人形の洋服やぼうしをぬってくれました。１万２７３８体の人形が集まりました」

「そんなにたくさん」

「日本の子どもたちが通う小学校や幼稚園《ようちえん》に送りました」

「それで、この平野小学校にも送られてきたというわけですね」

スクリーンには、人形のかんげい式の写真がうつし出された。アメリカの子どもたちと日本の子どもたちが、話し合ったりあくしゅをしたりしている。

「日本からも、子どもたちが人形と遊んでいる写真や手紙といっしょに、市松人形《いちまつにんぎょう》が、送られたのです。アメリカの子どもたちも大よろこびでしたよ。美しい黒い髪《かみ》、きれいな着物を着た人形でした。友情《ゆうじょう》が生まれると思いました。ところが」

「ところが……」

「とうとう日本とアメリカは戦争を始めてしまったのです」

スクリーンには、町のやける写真、黒いけむりを出して、もえながらしずんでいく船の写真がうつし出された。

「そして、おとなだけでなく子どもたちまで、敵国の人形だ、もやしてしまえ、こわしてしまえと、日本のあちこちで青い目の人形はこわされてしまったのです」

ギューリックさんの顔がゆがんだ。

「でも、ジェーンちゃんはいます」

司会者がしずかにいった。

「そのひみつを知っている当時の平野国民学校のあかね先生と早紀《さき》先生、生徒《せいと》の奈央《なお》ちゃんが来て下さっています」

三人がライトにてらされて舞台《ぶたい》にあがった。ギューリックさん役のとなりにならんでするわった。

あかねの心臓《しんぞう》は今にも飛《と》び出しそうなほど、どきどきしていた。

「みんなはジェーンちゃんとなかよしになれましたか」

司会者が、にっこりほほえんで聞いた。

あかねは、その笑顔《えがお》にほっとした。

「ええ、子どもたちは、ジェーンちゃんのことが大すきでしたよ。遊ぶ時間になったら、ジェーンちゃんのいる校長室に、われさきにと、走って行ったものです」

「でも、ある日校長先生の話を、奈央ちゃんが聞いてしまったのね」

「うん、校長先生が、うちの学校でもジェーンちゃんをこわさなければならないなあっていうのを聞いたの」

奈央が、ふるえる声でいった。

「その日の夕方、うす暗い教室で、奈央ちゃんがジェーンちゃんをだいて、泣いているのを見たのです」

「だれかに見つかったら大変なことになります」

「ええ、ええ。それで？」

司会者が前のめりになって聞いた。

「ちょうど、そのころ、学校では生徒がふえて、さいほう室を教室にする工事が始まっていたんです」

「『さいほう室のかべ板の中だったら、だれにも見つからない』そう思ったんです」

「金づちとくぎぬきを持ってきて、ジェーンちゃんとパスポートとせいせき表などを木の箱にしまって、かべ板の中にかくしたんです」

「板を元のとおりにくぎで打ちつけたとき」

「大工さんが……」

「えっ、見つかっちゃったんですか」

司会者が目を見開いた。

「『おれの大事な仕事場でなにをしとる』って、大声でどなられて」

「思わず、みんなで体をよせ合ったんです」

「大工さん、バリバリって板をはがしてしまって」

「ああ、もうダメって、おそるおそる大工さんの顔を見たら」

「『人形には、つみはねえわなあ。お前たち、気ぃは強いが、くぎ打ちの力は弱いなあ』って大わらいされたの」

「そして、『くぎ打ちってえのは、こないするんや』って、『トトトト、トントン、トン』、と、みごとに板と板がぴったりくっついてね。どこから見ても、ここにジェーンちゃんがかくされているなんて、だれにもわからなかったでしょうね」

「よかったわ、こうして、ジェーンちゃんにまた会うことができたんですもの」

三人は顔を見合わせてうなずいた。

スクリーンにはふたたび、ジェーンちゃんがうつし出された。

「明日からジェーンちゃんが、校長室に里帰りをします。会いに行ってください」

スクリーンの前ににこにこ委員十六人が一列にならんでおじぎをした。あかねはとなりにいた早紀の手をにぎっていった。

「やって、よかったね」

早紀はあかねの手をにぎりかえした。

会場からは、生徒や先生の大きなはくしゅがひびいた。

いわな給食《きゅうしょく》

文と絵　一円重紀《いちえんしげき》

10月になったある日の午後です。

小学校から、1年生のみずきが帰ってきました。

「ただいま」

仕事をしていたお母さんは、いつもとちがうみずきの声に、「おや?」と思って、玄関《げんかん》へ出てきました。

「みずきちゃん、おかえりなさい」

「これ」、といって、みずきは、二つおりの紙をさし出しました。開けてみたお母さんは、

「『いわな給食』ね。お兄ちゃんと同じ班《はん》になったのね。よかった」

「わたし、何もよいことないわ」

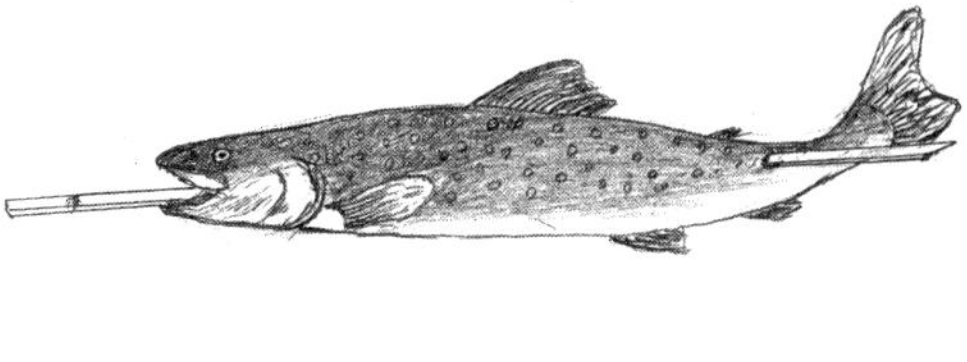

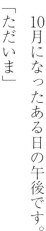

みずきはそういうと、2階へ上がって行ってしまいました。

やき魚がすきでないみずきのことですから、（仕方ないな）とお母さんは思いました。

いよいよその日がやってきました。朝から、からりと晴れたお天気です。『いわな給食』が行われる、多賀町立大滝《おおたき》小学校は、川相《かわない》というところにあります。ここは四方どちらにも近くに山が見えるところで、そばには、犬上川《いぬかみがわ》の清流《せいりゅう》が流れ、美しい自《し》然《ぜん》にめぐまれたところです。

昨年《さくねん》はあいにくの雨ふりで、体育館のひさしの下でイワナをやいて、給食をいただきました。その思い出をにぎやかに話し合いながら、全校50数名が運動場に集まりました。いろんな学年がまじったグループが6班に分けられています。人数をかくにんして、犬上川へ歩いて出かけます。

今年がはじめてのみずきは、兄のすがたを見つけて、近くへ行きました。そこには、兄のかずよしを班長にみんなで8名、その中にはみずきの友だち、2年生のめぐみもいます。

運動場を出て、道路を5分ほど行くと、右手に川へ下りる道があり、下りたところは、もう広い川原です。川原は、石灰岩《せっかいがん》の白い石が多く、日光を反しゃしてキラキラしています。高い山の緑が、いくぶん黄色みをおびて美しくなりました。川下からふいてくる風が、すずしさをまして心地よく感じられます。

全員がそろうと、ここで、「はじめのつどい」が行われます。

先生からお話がありました。食べ物をさわるので、その前にはかならず手のしょうどくをして、ビニールのてぶくろをつけること。イワナにさす竹ぐしは先がとがっているのでけがをしないように、などの注意でした。そのあと、彦根《ひこね》水産《すいさん》試験場《しけんじょう》の人から、魚のお話と、3年、4年生が、この後アマゴの稚魚《ちぎょ》を放流することなどを聞き、「はじめのつどい」は終わりました。

みずきは何事もはじめてなので、めぐみとおしゃべりもしないでさいごまで聞いていました。話が終わるとめぐみとみつめあって、ホッとした顔をしています。

放流をする3年、4年生をその場にのこして、班べつに分けておいてある入れ物や塩《しお》、火ふき竹、うちわなどを持ち、決められた場所に行きました。

放流が終わり全員そろうと、あらかじめ決めていた係に分かれます。5年生のゆうた、4年生のこういち、3年生のとおる、2年生のひろきがイワナに竹ぐしをさし、5年生のしのぶ、2年生のめぐみ、1年生のみずきが、おにぎりを作る係です。

先生が、ボウルに入ったあたたかいごはんとイワナを配りました。作業開始です。注意があったように、手をきれいにしてからビニールのてぶくろをつけます。

はじめにしのぶが、おにぎりの作り方を説明《せつめい》しています。

「ラップを手のひらにのせて少し塩《しお》をふり、その上にごはんをのせてな。ごはんをラップでつつみ、ぎゅっ、ぎゅっと両手でにぎって出来上がり、かんたんやろ、やってみて」

さいしょはラップとごはんを、小さな手のひらにのせてやります。めぐみはできますが、みずきは何度かやり直してなんとかできました。二人ともわらいながら楽しそうにやっています。二つずつできたので、しのぶが、

「あとは、わたしがやっとくから、イワナのとこへ行ってみる?」

というと、二人は、「はい」と元気に立ち上がりました。


イワナの所へ来てみると、ボウルにたくさんの魚が入っています。はじめてイワナを見るみずきは、ちょっとおどろいたように立ち止まりましたが、めぐみにぐいとおされて、おずおずとそばへ行きました。

ちょうど、5年生のゆうたが、イワナを1ぴき手に持って竹ぐしのさし方を説明するところでした。

「このイワナは、きのう池から上げて持って来てもろてな、川原で先生とおとなの人が、

魚のはらわたを出してくれたんや。そやけど、まだ生きてるみたいやろ。てぶくろつけて持つと、ぬるぬるするんや。頭のあたりを持って、はらを上にして竹ぐしのとがった方を口に入れるのや。口がきゅっとふさいでたら、エラのつけねをおさえるとあきよる。せなかの方に、かたいせぼねがあるので、せぼねにそってゆっくりとさしていくと、おなかがすんだあたりで行き止まりになる。そこからシッポになるので、ちょっと力を入れて横の方へ先が出るようにする。できあがりや」

ゆうたは、みずきにもよく分かるように、くわしくゆっくり説明しました。こういちとおるが、さっそくイワナと竹ぐしを持ってやる気まんまんです。

「今年のイワナはいつもより大きいな」

二人とも、もう何度もやっているので、またたくまに出来上がりです。こういちは、

「こないだ、おっちゃんとこからイワナもろてな、ぼくが竹ぐしも作って全部さしたんや。うちは母ちゃんようささへんのや」

とくいげに話します。

2年生のひろきは去年一度教えてもらって、やっていますが、今こうして目の前にイワナを見ると、少し弱気になって、手を出すことができません。ゆうたが先に1ぴき手に持って、ひろきにさし出しました。

「やってみ、教えたげる」

「去年はでけたけど、なんや、にらまれてるみたいで……」

いいながらも受け取ると、ぎこちない手つきで、何とか竹ぐしの先をイワナの口にさしこみました。そして、すべり落ちそうになる左手に、思わず力をこめます。

「ちょっと力ぬいて。竹ぐしをしずかに入れていくんや、そうそう、うまいで」

ゆうたの教えかたがじょうずで、なんとかできました。ひろきは、ホッとしてかたの力がぬけました。はたで見ていためぐみとみずきも、思わずホッとしています。

「めぐみちゃんもやってみるか?」

とつぜんの指名に、めぐみは思わず
「わたし?」

といいながらあとずさりしましたが、みずきを見ながら、手をさし出しました。

「小さい魚でやるか?」

ひろきが少し小さめのイワナをのせてやると、今度はゆうたが、めぐみの小さい手に自分の手をそえ、

「竹ぐしを口から入れて、せぼねにそってゆっくりと、そうやうまいで、その調子で」

ゆうたのリードで出来上がりました。

めぐみは「できた！」と満足《まんぞく》そうです。

「わたしもやってみたい」

「みずきちゃんもやる？」

みずきはだまってコックリとうなずき、手を出しています。ゆうたが下から手をそえて、小さめのイワナをのせました。てぶくろを通して、イワナのつめたさと重さがつたわってきます。みずきはイワナの頭をじっとみつめ、まん丸い目玉を見て思わず、

「イワナさん、みずきです。よろしくね」

といったのでまわりのみんなは大わらいです。ゆうたは、竹ぐしにも手をそえてさしてやりました。

「出来た！」

みずきは、うれしそうに竹ぐしを持ち上げみんなに見せています。かずよしは、竹ぐしをさしたイワナに塩をふりかけて、トレイにならべています。

「みなさん、じゅんびが出来たら、注意してやきましょう！」

先生の声が聞こえます。ブリキ缶《かん》を利用《りよう》して作られたコンロが、それぞれの班に配られてあり、中には種火《たねび》と炭が入れられ、バーベキュー用のアミが乗っています。川下の方からそよ風がふいているので、しばらくすると、炭火はかなり強くなってきました。そのま

わりに集まって、やくじゅんびをします。

「はじめは火が強いで遠火《とおび》でやいた方がよさそうや」

かずよしがいうと、

「遠火て？」

だれかがいいました。

「火から少しはなすようにすることや。立ててやこう」

こういちはそういって、竹ぐしをあみの目に左右交互《さゆうこうご》にさしてならべていきます。

「イワナがキツネ色にやけたら、おいしいのやで」

かずよしがいうと、めぐみとみずきは、

「キツネ色？」

小さな声でいいました。しばらくすると、イワナからあぶらが火の上に落ち、ジュジュ、という音とともに、白いけむりが立ち上がりました。魚がやける音、おいしそうなにおいがあたりに立ちこめます。

「うわー、おなかすくー」

みんなの目がイワナに集中します。

「まん中あたりもうやけてるみたい」

だれかの声に、ぐん手をつけているゆうたが、竹ぐしの先の方を持って、くるりとうら返しにしました。

「わあー、キツネ色にやけた。みずきちゃん、これがキツネ色やで」

ひろきが大きな声でいいました。その後、何度かうら返したり、真ん中とふちと、魚の場所ををかえたりします。

「おいしそー」「早く食べたい」

口々にいっている間に、全部のイワナがきれいなキツネ色にやきあがりました。ブルーシートの上に、おにぎりとイワナをかこんでみんながすわります。

「手を合わせてください。いただきます」

「いただきます」

あちこちから大きな声が川原にひびきわたりました。竹ぐしを両手で持って、とおるはもうかぶりついています。それを見て、こういちも負けずに、せ中からかぶりつきます。

ひろきはもくもくと食べています。

「おいし！」「うま！」「おいしいなあ」

ほかの班からもさかんに大きな声が上がります。

「やきたてやから、まだちょっとあついけど、ほんまおいしいわ」

めぐみが食べながらみずきに話しかけます。が、みずきはまだ少しも食べていません。それを見ていたかずよしが、小声でやさしく、

「みずき、見てみ、おいしいで」

一口食べて見せ、にっこりしました。それを見たみずきは、おそるおそるイワナを口に入れてみました。ほんのりとあたたかいイワナの、はじめて食べた味は、みずきにとって、今までいやがっていたのをわすれてしまうほどの味で、思いもよらないおいしさに目を丸くしました。そっと持っていた串をぎゅっとにぎりなおし、わき目もふらずに立て続けにほおばります。かぶりついたところからしたたる汁が、口元をよごしても気にならないほどむちゅうになっています。

「おいしいなあ、キツネ色のイワナて」

めぐみに話しかけながら食べ続けています。またたくまにイワナはほねと頭になりました。

「めぐみちゃん見て、これ、お母さんのクシみたい」

イワナのほねを見せています。それを、かずよしが、横目でちらちら見ながら、しのぶと楽しそうに話しています。ほかの班も、ひとしきりはしずかになって、食べることに集

中していました。わずかな間に、皿の上は竹ぐしとほねだけになってしまいました。

「ごちそうさまでした！」

みんなの声が大きくひびきわたりました。全員で紙のお皿や竹ぐし、ほねやラップなどを集めゴミぶくろに入れ、元の美しい川原にもどしました。

今年の『いわな給食』も、楽しいよろこびの声の中で、ぶじに終わりました。


ルンルン気分で家へ帰ってきたみずきは、玄関に入るなり、

「ただいま！　ああ、おいしかった。キツネ色のイワナて、ほんまおいしいなあ」

鼻歌交じりのごきげんでひとりごとをいいながら、リズムよく、かいだんを上がっていきました。

じごく花はオンリーワン

文　寺《てら》井《い》一《ひ》二《ふ》三《み》
絵　さとうくにこ

夏休みがはじまった日、みはるがおばあちゃんの家にやって来ました。

「今年の自由研究、何にしよう……」

何にするか思いつかないみはるが、相談にきたのです。少し考えておばあちゃんがいいました。

「アオバナはどう?」

「それ、わたしも考えてたんや。こないだ学校でその花のこと教えてもらったよ。草《くさ》津《つ》市の花やって。それを栞《しおり》にしたらどうかな?」

おばあちゃんは思い立ったようにいいました。

「みはるに見せたい物があるからついて来て」

「何を見せてくれるの？」

「いいものよ」

二人で自転車に乗って走りました。

淡海《おうみ》くさつ通りの休けい所に着くと、おばあちゃんは天井《てんじょう》を指さしました。そこにはアオバナつみの絵がありました。

「江戸《えど》時代の浮世絵《うきよえ》と同じ絵なのよ」

「この人、昔話に出てくるキヨかな？　学校でアオバナのことをおじさんが教えてくれた時、観音《かんのん》さまとキヨの話をしてくれたんだけど」

「それ、おばあちゃんも知っているわ。キヨが観音さまからアオバナのたねをもらった話ね」

「そう。たねをもらって青花紙《あおばながみ》の作り方を教わったんだ。おばあちゃん、これはキヨだね」

「そうかも知れないわね」

みはるが首がいたくなるほど天井を見上げていると、「あなたもやってみれば」と、声がした気がして目をこらすと、女性《じょせい》の口が動いたように見えました。その時、みはるはこの花をもっと知って自由研究にしたい思いがわいてきました。「わたし、やるわ」とつぶやくとおばあちゃんにいいました。

「この花のことにする!」

「おうえんするわ。がんばってね」

おばあちゃんは家にもどると、電話帳でしらべてだれかに電話をかけています。

「うちの6年生のまごが夏休みの自由研究にアオバナを調べたいっていうんです。よろしくおねがいします」

たのんでくれたのは、学校で花のことを教えてくれた中村さんでした。

中村さん夫婦《ふうふ》は笠縫《かさぬい》小学校の近くで、花を育てて青花紙を作っています。高齢《こうれい》なのに元気はつらつです。プランターに植えたフリルがかわいいコバルトブルーの花を学校に持って来てくれました。それがアオバナでした。

「これはツユクサのなかまで、オオボウシバナっていうんや。和紙に花の汁《しる》をぬってかわかすと青花紙になる。青花紙に水を注ぐと青い絵の具になって、それで友禅《ゆうぜん》染《ぞ》めの下絵をかくのや。色をそめた後で水あらいすると、きれいに消えるのがええんや」

「この葉っぱ、道ばたによくあるわ」

「それは野生のツユクサだよ。こっちの花はほら、大きいだろう」

と3、4センチもある花をさわりながら答えます。

(アオバナってなんてふしぎな花なの?)

みはるは中村さんに教えてもらったことをこうふんしながら話し終えました。

「おばあちゃん、この花は草津だけで栽培《さいばい》されてきたって聞いたんだけど、それならオンリーワンの花だね」

「そうだね。うまいこというね。ところで明日の朝は中村さんの畑に7時だよ」

「えっ、そんなに早く?」

「おくれないでね」


次の日みはるは、息を切らせて自転車を走らせていました。おばあちゃんにあれだけいわれていたのに、ねぼうしてしまったのです。

「30分もちこくよ」

おばあちゃんはちょっとふきげんで、みはるが畑に着くと、さっさと帰ってしまいました。中村さんの畑にさいている花の一つひとつは、まるで童話の中の妖精《ようせい》のドレスのようです。それが一面に並んでいるのです。

（せっかくさいたのにつむなんてごめんね）と花を見ているうちに、息切れがなおってきました。

「花つみは午前中が勝負や。わしらは毎日5時起きやで」

中村さんは左手で花の元をおさえ、右手で手ぎわよくつむと、こしにつけた竹カゴにすばやく入れるのだと、花のつみ方を教えてくれました。おばさんはみはるのこしにカゴをくくりつけながら、

「こうすると両手が使えて便利《べんり》でしょう。花は全部つんで、花粉《かふん》はなるべく入れないでね。そうそう、その調子」

というと、持ち場に行きました。

花はたくさんあるのでなかなか前に進めず、いつの間にか花粉が入ってしまいます。こしがいたくなってきました。ねぼうして朝食ぬきなので、おなかはペコペコで「グウー」と鳴りました。

（こしがいたい。おなかがへった。この花は仕事がつらいから、じごく花というと聞いたことがあるけど。やっぱりこれはじごく花や）みはるがおなかとこしをさすっているのを見た中村さんが、「はらがへっては、仕事は出来んよ」とわらっています。みはるはねぼうしたことを反せいし、おなかがへったのも、こしがいたいのもがまんしてがんばりまし

た。

「ようがんばったな。今日は昼までにしときー」

「ごくろうさま。明日も来てね」

中村さん夫婦がいってくれました。みはるはへとへとになり、明日も来られるかちょっと不安《ふあん》になりました。

その日の夜、みはるは楽しそうに花をつんでいるキヨのゆめを見ました。

よく朝6時、目覚《めざま》し時計が鳴ると、みはるはとび起きました。

(キヨちゃん、今日はねぼうしなかったよ!)

午前中はきのうと同じ作業です。お昼休みがすむと中村さん夫婦が、みはるに声をかけてくれました。

「今から青花紙作りや。がんばろうな」

「つかれたら休んでね」

おばさんは細かいあみ目のトウシという道具に花を入れてゆすります。

「こうして花粉を落とすのよ。花粉が入ると下絵の絵の具がきれいに流れないの」

「花粉が落ちて花びらだけがのこるのでそれをしぼるんや」

中村さんがギューッと大きな手でしぼります。青い汁がツツーとふしくれ立った指の間から流れて、入れ物にたまります。

「汁にも和紙にも一てきの汗《あせ》も落としたらあかんのや」

したたる汗が落ちないように頭にタオルをまいた中村さんがいいます。おばさんがハケで和紙に花の汁をぬると、それをみはるが石だたみにしかれたムシロの上にならべてほします。

「かわいたらぬり、かわいたらぬりを80回以上《いじょう》くり返すのよ」

「えっ80回も?」

「そう。何度もぬると和紙が青色から真っ黒に近いあい色になって、和紙の重さが最初《さいしょ》の4倍くらいになると、かんせいなの」

「うわぁ、気が遠くなる!」

「たいへんなの。はい、これはみはるちゃんのよ」

おばさんが和紙とハケをわたしてくれました。ハケにつける汁のりょうが分りにくく、おばさんのように上手《じょうず》に出来ません。でも何とかぬってほしました。

「一そく分とみはるちゃんの一枚《まい》がほせた。暑いから水分ほきゅうや」

よくひえたスイカを食べると生き返った気がしました。

すっかりかわいた和紙にまた一枚ずつ汁をぬってほしたます。みはるは汗を落とさないよう気をつけていたのに、おでこにはりついたかみの毛からぽとりと汗が一てき落ちました。

「あっ、汗が……」

青い和紙にぽつんとあなが空いたように白いシミが出来ました。急いで何度も汁をぬり重ねたのにシミは消えません。みはるがしょげていると、

「みはるちゃんが使うのに何の問題もない」

中村さんがなぐさめてくれたのでほっとしました。

「夕立が来るぞ」

空を見ていた中村さんの声に、みんなで大急ぎで和紙を作業小屋に運びました。すると、すぐに大つぶの雨が地面をぬらし始めました。

「みはるちゃんが手つだってくれたおかげでぬらさずにすんだ」

二人ともよろこんでくれました。雨が止むまで家の中で休けいです。そこには、がくに入った表彰状《ひょうしょうじょう》がいっぱいかざってありました。

青花紙は草津市の名産《めいさん》でそれを長年作ってきた中村さんは、草津市からも、滋賀県《しがけん》からも、国からも表彰されていたのです。その多さにみはるはおどろきました。

「おじさんがこの中で一番うれしかったのはどれですか？」

中村さんは、引き出しの中から、大きなふうとうを取り出してきました。

「一番うれしかったのはこれなんや。宝物《たからもの》や」

それは、みはるたちが花の事を教えてもらった時にお礼に出した手紙でした。その手紙を宝物だといってくれる中村さんに、みはるのむねはじいんとあつくなりました。

中村さんの畑に通い続けて7月のすえ、みはるの青花紙がかんせいしました。


8月のある日、みはるは真っ白の大きなきぬのハンカチと青花紙を持っておばあちゃんの家に行きました。おばあちゃんはそめる方法を調べてくれていました。

まず青花紙を切手ほどの大きさに切り、小皿に乗せ水を注ぎます。

「青インクみたいだよ」

「本当ね。みはるは何の絵をかくの」

「キヨちゃんが花をつむ絵にするわ」

細筆に青い水をふくませると、花をつむキヨをかきました。

「上手だね」

下絵がかわくと、次は絵手紙に使う顔料《がんりょう》という絵の具で色をつけます。「集中、集中」

とつぶやきながらキヨの顔や着物、朱《あか》いたすき、アオバナの花や葉っぱ、花粉にもねん入りに色をつけました。色がにじまないように、下絵の線にそってのりをおきます。次は水であらいます。本当に下絵は消えるのでしょうか。心ぞうがドキドキします。その時、「だいじょうぶ、消えるわ」と淡海くさつ通りの休けい所で聞いたキヨの声がしました。ハンカチを水につけると、まほうをかけたように下絵が消え、バケツの水はきれいなままでした。

「消えた。見て見て」

みはるの声が上ずっています。おばあちゃんも感げきして目がウルッとしています。ハンカチがかわきアイロンをかけると、キヨも花も生き生きして見えます。キヨが「よくがんばったわね」とほほえんでいるようです。

アオバナの花はさくとすぐにつみ取られ、しぼられ和紙にぬられます。その上、天日に何度もほされて、さいごは流れるのです。みはるは、

（アオバナはかわいそうだ。中村さんやキヨの仕事はつらくてくろうばかりだ）と思っていました。でもキヨも中村さんもこの仕事にほこりを持っていました。アオバナは他の花にはない大切な仕事があって、少しもかわいそうではなかったのです。

（じごく花だと思ったアオバナが、キヨちゃんのおかげでオンリーワンの花だと分かったわ。中村さんは本当にえらい人だったのね。そして、わたしはオンリーワンの自由研究ができたわ。キヨちゃん、ありがとう）

「ありがとう」の、びわ湖花火

文　上田英津子《うえだえつこ》
絵　美濃部幸代《みのべさちよ》

去年の1月14日土曜日は、夜になって、雪がどんどん積《つ》もっていった。守山では珍《めずら》しいことだ。

「お母さん、42歳《さい》の誕生日《たんじょうび》がホワイトバースデーになったな」

健太郎《けんたろう》は、お母さんが寝《ね》ているベッドを見に行った。

「お母さん、雪見える？　きれいやで……なんや、寝てるわ。まだ夜の8時やで」

4月から6年生になる健太郎は、少年野球で活躍《かつやく》できるのを楽しみしていた。

健太郎は、お母さんの方を振《ふ》り向くと、その身体が妙《みょう》にねじれているのに気づいた。

「お母さん、マジで？」

ギクッとして、健太郎は、お母さんの顔をのぞき込《こ》んだ。顔が真っ白で、目が半開きであらぬ方向を見ていた。

「お母さん！　お母さん！」

健太郎がお母さんと大きな声をあげたが、ピクリともしない。

健太郎は、転がるように隣《となり》のリビングへいった。

「ヤバい‼　お母さんが息をしてない‼」

健太郎が大きな声を上げた。パソコンで仕事をしていた父の直春も、夕食の後片付《あとかたづ》けをしていた、姉の美沙《みさ》も、お母さんのベッドに飛《と》んできた。

「真知子‼」

「お母さん‼」

二人が大声で叫《さけ》んだが、お母さんは、意識《いしき》がなくて息をしていない。

お父さんは急いで救急車《きゅうきゅうしゃ》を呼《よ》び、ライトを持って外に飛びだした。健太郎と美沙は、

「大変《たいへん》だ‼」

母のそばにいて呼びかけたり、よだれを拭《ふ》きとったりした。

お母さんの顔は、ますます白く冷たくなっていく。健太郎は泣きそうになった。

その時、かすかに、ピーポーピーポーと、救急車の音が聞こえ、だんだん近づいてきて、

戸口の外側《そとがわ》で止まった。間もなく、ヘルメットをかぶったオレンジ色の服装《ふくそう》の救急隊員《きゅうきゅうたいいん》六人と、雪まみれのお父さんがお母さんのもとへなだれ込《こ》んできた。救急隊は、健太郎と美沙がベッドから離《はな》れる間も待たず、手際《てぎわ》よくお母さんを運び出した。

ここは栗東《りっとう》市にある、済生会《さいせいかい》病院の集中《しゅうちゅう》治療室《ちりょうしつ》だ。薄《うす》暗い待合室にある長椅子《ながいす》に、直春、美沙、健太郎が並《なら》んで座《すわ》った。

「うわぁマジかぁ……なんでやねん……」

健太郎が泣《な》きそうにつぶやいた。

「あんたが早よ見つけたから、大丈夫や」

高1の美沙は、怒《おこ》ったようにいった。お父さんは、押《お》し黙《だま》って下を向いていた。

お母さんは3年前、ALS《エーエルエス》（筋萎縮性側索硬化症《きんいしゅくせいそくさくこうかしょう》）という名前も難《むずか》しい、難病《なんびょう》の中の難病にかかった。急に手が動きにくくなったのが始まりだったが、脳《のう》からの命令《めいれい》を筋肉に伝《つた》える運動神経《しんけい》がダメージを受ける珍しい病気だ。日本に約《やく》8300人前後の患者《かんじゃ》さんがいると考えられている。

ある日、お母さんが泣きながらいった。

「私《わたし》、どうなってんの……コケるし、手が動けへんし、服着られへんし、みんなのご飯作れへん、それが一番辛《つら》いんや……」

病気の進行は、主治医《しゅじい》も驚《おどろ》くほど早く、あっという間に手足が動かなくなって、車椅子《くるまいす》生活になった。

「私、ご飯作るから、健太郎は風呂掃除《ふろそうじ》とゴミ出して。お父さんは、洗濯《せんたく》して」

美沙は、お母さんに代わって家のことをやった。

健太郎は、姉をよく手伝《てつだ》った。お父さんは、会社の厚意《こうい》で、できる仕事は家でやり、訪問看護師《ほうもんかんごし》さんと協力《きょうりょく》して、真知子の介護《かいご》を頑張《がんば》った。

しかし、お母さんは、しだいに舌《した》やのどの筋肉《きんにく》が弱くなり、食べ物が、飲み込《こ》めなくなった。そして、どんどんやせていった。

お母さんは、主治医の勧《すす》めで胃《い》にチューブをつけ、胃から栄養剤《えいようざい》を入れることになった。ほどなくして、お母さんは呼吸《こきゅう》ができにくくなった。酸素《さんそ》を吸《す》うことはできるが、二酸化《にさんか》炭素《たんそ》を十分に吐《は》けなくなってきた。首をしめられている感じになる。

「お母さん、何も悪いことしてへんのに、何でこんな目にあうねん」

健太郎は、吐き捨《す》てるようにいった。

集中治療室から呼ばれて、三人は、看護師についていった。

「こちらです。よく眠《ねむ》っておられますね」

三人は、お母さんを見た。目はつむっているが、顔は、ほんのりと赤みがさしている。

「真知子!!」

「お母さん!!」

三人が声をかけると、お母さんは一瞬《いっしゅん》目をあけたもののまた眠ってしまった。

担当医《たんとうい》の説明では、口から気管支《きかんし》までチューブを入れ、酸素を送《おく》り込《こ》む応急処置《おうきゅうしょち》をしたのだという。お母さんは自発呼吸《じはつこきゅう》の機能《きのう》がほとんど失われていたのだ。

「ありがとうございました。おかげさまで、命を救《すく》って頂《いただ》きました」

お父さんは、担当医に深く頭を下げた。

「運ばれるのが早くてよかったです」

担当医がいうと、美沙は健太郎の頭を、グリグリとなでた。健太郎はうれしくてにんまりした。翌日、お母さんは専門医《せんもんい》のいる、滋賀医大《しがいだい》へ入院した。

3週間後、専門医は、お父さんを呼び出した。「肺炎《はいえん》を起こす危険《きけん》があるため、応急処置のチューブを外《はず》す時期に来ている」

「それは、気管切開《きかんせっかい》をして、人工呼吸器をつけるかどうかという意味ですか？」

医師は、きっぱりといった。

「そうです。チューブを抜《ぬ》くと、自発呼吸のみになり、また呼吸困難《こんなん》に陥《おちい》る恐《おそ》れがあります。命は保証《ほしょう》できません」

まだ声が出るとき、お母さんはいっていた。

「私は、人工呼吸器つけへん。みじめや。みんなに迷惑《めいわく》かかる。嫌《いや》や」

それでも、三人は、お母さんにはどんな姿《すがた》になっても、生きていて欲《ほ》しかった。

健太郎はこれ以上ないほど、真剣にいった。

「お母さん生きてや。ぼくらが、大きくなるのを見たないか？」

「お母さん、お母さん……」

お姉ちゃんはお母さんの手を握《にぎ》って泣き続《つづ》けている。

お母さんの目から、涙がツーッと、一筋《すじ》流れた。家族の言葉が身にしみた。お母さんは、静《しず》かにまばたきをして、分かったわ。ありがとう。といった。

呼吸器をつけてから一か月後、手術《しゅじゅつ》を無事《ぶじ》終えたお母さんは、守山市民病院に転院した。

家から近いので、家族が毎日のようにお母さんに会いに行った。健太郎は、学校の帰りに必《かなら》ず立ち寄《よ》ってお母さんを喜《よろこ》ばせた。

「お母さん、早よ元気になってや。家、さびしいわ……」

いつも強気な健太郎がいった。

お母さんは、病院生活にも慣《な》れてきた。家族がいないのはさみしいが、でも看護師たちが忙しい中、声をかけてくれたり、おしりのせわもまめにしてくれるのがありがたかった。

その日は、車椅子に乗る日。お母さんは、リハビリの先生につきそってもらい、病院内の桜《さくら》の花や椿《つばき》の花のつぼみを眺《なが》めた。外は随分《ずいぶん》久しぶりだった。春風が気持ちいい。ふくらみ始めたつぼみは、どれも一生けん命咲こうとしているようだ。

お母さんは、のびない背中《せなか》を思いっきりのばした。

（かわいい。がんばれ。私も頑張るわ）と、お母さんは思った。

「慣れたら、遠くへ行きましょう」

先生は、ほがらかにいった。お母さんは、精《せい》いっぱいわらった。

8月8日、夕方、学校のプール帰りに、健太郎は、お母さんの病室のある5階まで階段《かいだん》を駆《か》け上がった。

お母さんは、看護師に痰《たん》を取ってもらっていた。目が健太郎を見てわらっている。看護師は仕事の手を止めずにきいた。

「夏休みで、プール？」

健太郎ははにかんで、

「美沙姉ちゃん、友《とも》だちとびわ湖花火大会へ行くって。ええなぁ。お父さんも仕事で出てるし、ぼくひとりぼっちや」といった。

「健太郎君、ここの個室《こしつ》は、窓《まど》からびわ湖花火が見えるのよ」

お母さんのケアが終わり、看護師が窓辺に健太郎を呼《よ》び寄せた。

「まっすぐ前にびわ湖があって、そこに花火が見えるのよ。今夜、お母さんと一緒《いっしょ》に見たら？」

ベテランの看護師は、去年もびわ湖花火を見たという。

「お母さん、ベッドやから見えへん」

「大丈夫《だいじょうぶ》、任《まか》せて。お母さんにもちゃんと見てもらうわ」

看護師は、健太郎の肩《かた》をポンとたたいた。

「花火大会、何時に始まるん？」

「7時半からよ」

「ぼく、みんなで観《み》たい。お母さん、待っててな。ぼく、みんなを連《つ》れてくるわ。ありがとう看護師さん」

健太郎は、絶対《ぜったい》に四人で見るぞと思いながら、病室を飛び出した。

ベテランの看護師は、二人の看護師の手を借《か》りて、お母さんのベッドを動かし足を窓のほうにむけた。

「これで頭を上げれば花火が見れますよ。あとは、みんなを待ちましょう」

看護師は、お母さんのまばたきを見てほほえんだ。


健太郎は家にもどると、お姉ちゃんに電話をかけたが携帯《けいたい》電話を切っているらしくつながらない。

健太郎は連絡帳《れんらくちょう》を取り出しマジックで(お父さん、今夜お母さんの部屋から花火が見えるんだって。ぼく四人で見たい。7時半までに部屋に来て)健太郎はお父さんにメモを書いた。

健太郎は冷蔵庫《れいぞうこ》の麦茶を飲み干すとまた外に出た。(どこを探せばいいんや。お姉ちゃんの、アホ。いつどんな連絡が入るか分からんから、電源《でんげん》をいれとけって、お父さんにいわれてたやろ)

いらいらしながら、駅の方へ歩いていたら、岩《いわ》ちゃんに声をかけられた。健太郎は、今夜の家族花火見物の予定を話した。

「洋子なら携帯の番号を知ってるわ。美沙と一緒に何人かで行ったのを知ってるから。健太郎君、心配せんとき。お姉ちゃんがなんとかしたるから」

岩ちゃんは自分の携帯電話を取り出して洋子に電話をかけた。すぐに美沙に電話を代わってもらうと大声で事情《じじょう》を話した。

「健太郎君、美沙戻《もど》るって。健太郎君は駅の改札《かいさつ》で美沙を待っててね」

7時半が近づいてきた。病室に、健太郎は現《あらわ》れない。病室は静かだ。

「そろそろ始まりますよ」

花火が見やすいように、看護師が枕《まくら》をあげてくれた。一発目の花火が、夜空いっぱいに広がった。

「まぁ、きれい。健太郎君、この花火、お友だちと遊びながら見てるのかも知れないわね。私の孫《まご》は、遊ぶのが好《す》きだから、よく約束《やくそく》をわすれてしもてね」

（そうだったらうれしい。でも、健太郎は、私が病気になってから、遊びたくても遊ばへん。きっと家族みんなで花火を見ようと、いろいろやっているんやと思う）

あの花火の下で、頑張る健太郎を思って、切なくて愛《いと》おしくて涙があふれた。

その時、廊下《ろうか》を急ぎ足でやってくる音がして、健太郎を先頭に、お父さんとお姉ちゃんが、病室にかけ込んできた。

「お母さん、おそなってごめんな。でも、みんなで来たしな」

「メモ見て急いで来たら、病院の入り口で子供《こども》たちに、ばったりあったんや」

「わたしなんて最悪《さいあく》。岩ちゃんの携帯電話から洋子の携帯電話にかかってきて、すぐ私に帰れっていわれて。わたし、浜大津《はまおおつ》から飛んできたんよ。花火、一発も見てへん」

「ぼくが一番頑張ったんやで。洋子ちゃんに繋《つな》いでくれた岩ちゃんが一番がんばったんやけどな」

「ご苦労さん。ありがとうね。お母さん、待ってらっしゃったから、とても喜んでいらっしゃるわ。さあさあ、花火、みなさんでどうぞ」

看護師は、お母さんの気持ちを代弁《だいべん》した。

「花火、よく見えるやん。岩ちゃんに感謝《かんしゃ》せんとな。浜大津は人だらけで花火どころじゃなかったわあ」

「さぁ、みんなで花火を見させてもらおう」

ベッドを囲《かこ》んで、四人は窓から見える花火を見た。

チッチッチッとはじける金の星。

パーっと開く大輪《たいりん》の花。

さらさら流れる色の川。

浮《う》き出て、消えて、かさなって、びわ湖の夜をこがしている。

「花火はええなぁ」

健太郎がうれしそうにいうと、看護師がお母さんの目にうなずいた。お母さんのまぶたが、ぱちんと閉《と》じて合点している。

「おかげさまで最高《さいこう》の夜になりました」

お父さんは、看護師に、深々と頭を下げた。美沙も健太郎も頭を下げた。

「今度、人ごみだらけの浜大津の花火大会に連れていくわ」と、美沙がいったら、「ぼく手伝う。おんぶしてあげるね」

母さんの目が、遠くを見ている。

ドーンと遠くに花火の音がした。

はじめての探鳥会《たんちょうかい》

文と絵　林田博恵《はやしだひろえ》

「あっ、ともくん。おじいちゃんな、今度、家の近くのびわ湖の探鳥会に行くんだよ。わしといっしょに行かないかい」

ともきは、とつぜんのおじいちゃんからの電話におどろいた。

「えー。何。それ」

3年生のともきが聞き返した。

「あーそれはな、毎月の第3日曜日にびわ湖にとんでる鳥をかんさつする会だよ。いろんな鳥が見られるぞ。

わしはな、チョウゲンボウという鳥に、もう一度会いたいんだ。この鳥は、もうきんるいのなかまでな、小さな動物をえさにして食べるんだよ。それにホバリングもしてえものをさがしあてるんだよ。そこらの鳥とはちがうぞ。どうだ、いっしょに行かないか。なっ、行こうよ」

「えーっ。鳥？」

鳥なら、家のまわりにもお宮さんの森にもいる。朝や夕方にカラスやスズメも鳴くし、校庭にはハトが遊びに来る。ウグイスの声も聞くし、トンビだって「ピーヒョロロー」。おれは、ここにいるぞ」と、鳴いている。なのに、それいじょうに鳥を見て楽しむなんて考えられない。

「大昔から、鳥は食用にもなっているけど、いつも人間のそばでくらしているだろう。ペットでもないのにさ。これって、ふしぎだろう」

おじいちゃんは、一人でしゃべり続けた。（でもさ、鳥は、そんなものじゃないの）と、ともきはいい返したかったが、おじいちゃんのねっしんさに負けて「いや」とはいえなかった。

ともきは、探鳥会の前の日からおじいちゃんちにとまりこんでじゅんびをした。おじいちゃんは、つくえから大事そうに双眼鏡《そうがんきょう》を取り出した。

ふしくれだった大きな手で、きずあとが白くへん色している皮のカバーをなでた。それからていねいにレンズをみがいた。そして、宝《たから》ものでも見るようにうっとりとした。

「どうや、このカバーのつや。ほれぼれするよ。これは、年《ねん》きものなんだよ」

「ふーん、おじいちゃん。明日、それ持って行くの」

「そうや。まだ現役《げんえき》で使えるからな」

双眼鏡は、おじいちゃんがアルバイトをして買ったものだそうだ。そのころの日本は、オリンピックかいさいが決まって好景気《こうけいき》にわいていたそうだ。おじいちゃんは、お店でさいしんモデルのものを買ったと、じまんした。そして、休みのたびに友だちとたくさんの鳥を見るのが楽しくて「今でもわすれられないよ」と、いった。


2月18日の探鳥会当日は、ことばにできないほど寒かった。びわ湖は、何千何万の白でもないはい色でもない銀色に光る波を打ちつけて、足元から冷気《れいき》を流した。まるで冷凍庫《れいとうこ》の中にいるようで動けなかった。ともきは、ここに来たことをすぐにこうかいした。

「あー。寒い。鳥一羽いないやないか。どうやって鳥見つけるんや」

ふまんがぶくぶくふき出て、はらがたってきた。

「あー、寒い。死ぬほど寒い。早く始めてよ」と、思わず石に八つ当たりをしてけっとばした。

今日の下物《おろしも》探鳥会は12人のさんか者で、子どもはともきだけだった。みんなは、ダウンジャケットにぼうしをかぶり、マフラーをぎゅっとまきつけ、まるでたんけん家のようなかっこうだった。

「おじいちゃん。こんなに寒くても鳥見るの」

「見るさ。わくわくするよ。何だ。ともきは、もうこうさんか。わしはな、今日は、さいていでも20しゅるいの鳥を見つけたい。チョウゲンボウに会えたらさい高だ」

やっと、探鳥会が始まった。案内《あんない》の人が動くとさんか者も、ぞろぞろと移動《いどう》した。北西のひら山の風を受けて、びわ湖は止むことなく波が立っていた。おじいちゃんは、双眼鏡をしっかりにぎると、案内の人のすぐ後ろを歩いた。ともきもおじいちゃんを風よけにして歩いた。

案内の人が「マガモです」、「カルガモです」といっても、ともきは一度も鳥を発見できなかった。でも、おじいちゃんがチラチラとともきを見るから、鳥をさがしているようなかっこうをして、大げさにキョロキョロしたりした。

おじいちゃんは、ずんずん前へ進んでいった。ともきのかん心は、鳥よりも数人の人がかついでいる望遠鏡《ぼうえんきょう》だった。中でも、ピンクのぼうしの女の人は、ともきの身長に合わせてちょうせつして見せてくれた。そして「あの鳥はね」と、せつめいもしてくれた。名前は、木島えい子さんといった。

「ほら、あそこにハシビロガモよ」

ともきがのぞくと、波に体を上下にゆらしながら、はい色をした鳥がなかまとうかんでいた。

「たくさんいるけど、うっすらとおなかが茶色の鳥をさがしてごらん」

「あっ、いる。ホンマにおなかが茶色や」

ともきは、うれしくて思わず大きな声になった。

「それが、ハシビロガモのオスよ。あの鳥の口ばしがおもしろいのよ。平《たい》らで、しゃもじみたいな形をしているでしょ」

のぞきなおしたが、今度は鳥のおしりだけが見えた。手帳にかじかんだ手でハシビロガモと書いた。

「記ろくするの。えらいね」

「うん。おじいちゃんと何しゅるい見たのか、きょうそうやねん」

木島さんは、望遠鏡の先をスーっと右にずらすと、「ミコアイサよ」と説明してくれた。

この鳥のオスは、体が白いので神社の巫女《みこ》さんをれん想して名前がつけられたそうだ。

「ウグイスのことは知っているか」

頭の上から、とつぜん男の人が話かけてきた。

「ウグイスは、その昔、ほとけさんにつかえる鳥でな、もっと幸せになれる方法《ほうほう》はないものかとたずねたんや。すると、ほとけさんは『ほけきょうというおきょうをとなえなさい』と、教えてくれはったんやて。だから、いつもホーホケキョと鳴くらしいよ」

「えーっ。それって、ホンマですか」

おじさんは、「はっはっはー」、とわらうと大またで行ってしまった。

とつぜん、目の前の湖面をひっしにけって水しぶきをあげながらとんだ鳥がいた。

「あれは？」

「あれは、ホシハジロ。ロシアのシベリアから来て、来月には帰るのよ」

「えっ。ロシアのシベリア？」

「そうよ。すごいでしょ。ほっきょくに近いシベリアまで小さな体で、命がけの旅をするのよ」

「だいじょうぶなの」

「心配よね。でも、これも鳥がえらんだ生きる道だからね」と、木島さんは、しずかにいった。

「あっ、メジロだ」

「えっ、どこ」

ともきは、とりあえず顔を空に向け、ぐるりと首を180度回してみた。

「あの木の上の方」と、木島さんが指さした。

何本ものかれた木のえだがからまったやぶの中に、もえぎ色したメジロがしずかにかくれていた。メジロは、スズメをふくらませたような大きさだ。

ともきは、白いふちどりのある目が気になった。

「メジロは、何であんな顔をしているの」

「なんでやろうね。生きていくために進化したのかな。それとも、子孫《しそん》をのこすために、メスの気を引きたかったのかな」

「ふーん。メジロのふしぎな世界か」

ともきは、メジロからさほど遠くないえだのてっぺんにいた小さな鳥を見つけた。名前はジョウビタキ、と教えてもらった。その鳥の首からむねの茶色が陽にてらされて、あざやかだった。

ともきは、この鳥の名前もノートに書きくわえた。しだいに、望遠鏡の中の鳥を短時間で見つけられるようになった。木島さんは「すごい進歩ね」と、ほめてくれた。

ともきは、うれしくてニーとわらって体をくねらせた。農道を左に曲がると、ともきの足が止まった。太陽があたっている田んぼに何かいる。

「あれは、何だ。鳥か、それとも……」

ともきは、息を止めてじっとにらんだ。黒っぽい何かが動いている。ともきは、だまってそのものを指さした。望遠鏡におどろくほどきれいな鳥が写った。

ビロードのようにつやつやとかがやく緑色のせ中に、目のまわりがくっきりとした赤色。ものすごくきれいで息をのむほどだった。ともきは、その場に立ちつくした。

「あの鳥は？」

ともきは、視線《しせん》をはずさずに聞いた。

「キジよ。日本の国鳥よ」

「あれが、桃太郎《ももたろう》にでてくる鳥？　きれいだなー」

ともきは、あきずにずうっと見ていた。キジは、見られているのも知らず、何かをねっしんについばんでいた。

「こんな人が多いところじゃ、あぶないのに」

「そうよね。でも、キジは平地にいる鳥なのよ。昔は、ひこばえといって、イネをかり取ったかぶあとから新しくはえてくるイネを食べていたのよ。でも、今はそれもなかなか難《むずか》しくなったの。ほら、きかい化がすすんで、おこぼれのえさが少なくなったのよ。だから鳥たちも大へん」

ともきは、何度もなんどもふり返ってキジを見た。そして、心のそこから（がんばれ）と、おうえんした。自動車道に向かって歩きだしたときに声があがった。

「チョウゲンボウだ」

「えっ。おじいちゃん」

ともきは、思わずおじいちゃんをさがしてよんだ。みんなは、立ち止まって、右ななめ上を見た。たしかに鳥がいる。ハトより大きいけれど、カラスほどではなかった。ともきは、思いのほか小さい鳥におどろいた。

鳥は、自動車道と並行してならぶ一本の電柱の上で、身動きせず、一点をにらんでいるようだった。

「あれがチョウゲンボウか」

おじいちゃんが話していた通り、小さくてもすごそう。チョウゲンボウの、ほかの鳥をよせつけないようなふんいきがつたわってくる。おじいちゃんは、双眼鏡をあてててじっとしていた。ともきが、ダウンジャケットのすそを引っぱると、やっと気づいた。

「ほれ、見てみ。わしが見たかったあの鳥。うれしいなー。今日は、とくべつのほうびをもらったような気がする。ともくんのおかげやな。あー、よかった」

おじいちゃんは、顔をくしゃくしゃにして子どものようによろこんだ。ともきは、今日来てよかったと思った。チョウゲンボウは、さっきからじっとしていた。

おじいちゃんが、そっと双眼鏡をともきにわたした。ともきは、足をふんばってにおうだちすると、チョウゲンボウにしょうてんを合わせた。双眼鏡にくっきりとそのすがたが出た。

「ほう、なかなかじゃないか。さまになっているよ。もう、ちゃんと見られるのか。おどろいたなー。じゃ、わしの双眼鏡も、代《だい》がわりやな」

「えっ。それって……ぼくに、くれるっていうこと」

「そうやで」

ともきは、うれしさのあまり双眼鏡を力いっぱいだきしめた。

「ありがとう。おじいちゃん。ぼく、ものすごく大事にするわ」

「おーぉ。これもまた、チョウゲンボウのおかげやな」

「ホンマや」

ともきにも、チョウゲンボウはうれしいプレゼントを持ってきてくれたように思った。

ともきがもう一度双眼鏡をのぞいた時、チョウゲンボウは、つばさをかすかに動かした。

そのとたん、空にすいこまれて消えた。

それは、ほんのいっしゅんの出来事だった。電信柱のチョウゲンボウが、空の真ん中につきささるように消えたのは本当のことだ。でも、あれはみんなゆめだったような気もした。

ともきは「あー、ざんねんや」と、あきらめきれずにすがたをさがした。おじいちゃんはともきのかたをだいていった。

「チョウゲンボウらしいやろう。わしらにこんな思い出をのこしてさ。わすれられないだろう」

「うん。ホンマ。もう一回見たいわ」

「そうやな。いつかきっと」

おじいちゃんは、空を見上げたままいった。

角を曲がると、出発点のカフェがあった。今日の探鳥会では、58しゅるいの鳥がいたそうだ。ともきの見た鳥の数は、それにはまるっきりおよばないものだった。

「おじいちゃん。チョウゲンボウ見たね。ぼく、鳥見るの、けっこう好《す》きかもしれんわ」

帰り道に、ともきは首からかけた双眼鏡をにぎりながら、「またさんかしよう」と、おじいちゃんをさそった。

水はどこから?

文　藤谷礼子《ふじたにれいこ》
絵　美濃部幸代《みのべさちよ》

アヤは、マコとしゃべりながら学校帰りの道を歩いていた。十一《じゅういち》川の橋の上を通りかかると、コアユがたくさん川上に向かって泳いでいるのが見えた。その行方《ゆくえ》を目で追いながらアヤはいった。

「なあ、この川の水って、びわ湖に流れて行くけど、どこから来てるんやろう?」

「うん、うちもそれ思ってた。十一川の水ってどこ通ってくるんかな?」

「川上たんけんしてみいひん?」

「うん。川のそばの道、たどってみよう」

二人は、うちに帰ってからすぐに、また十一川の橋の上にもどり、川上たんけんに出発

することにした。

「長浜《ながはま》小学校3年生女子2名、十一川の川上たんけんたい、しゅっぱーつ！」

橋のわきには人が一人通れるくらいの細い道が川ぞいに続いている。二人は、川の流れを見ながら走り出した。あけぼの公園のそばまで行くと、川の中に白い大きな鳥が一羽いた。サギだ。川にくちばしをつっこんで何かさがしている。水中では小さな魚たちがいっぱいにげまどっていた。

「ここの公園で小さい時よく遊んでたな。夕方、ホタル見たことあったで」

「うちも見たことある。でもさいきんは見てへんなあ」

二人はどんどん川ぞいを走って、旧《きゅう》国道8号に出た。道路の下をくぐっている川は、薬屋の横を通っている。川の中には、空きカンがいくつもすてられていた。

「ほいく園の時、ここ通ったらコイがいっぱい泳いどったのになあ」

「そうやった。今はおらんのやな。『川をきれいに』ってカンバンが川に立てたったのに」

「あれ？　ここから先は川のよこに道がないで」

「ほんまや。どこ通って行ったらいいん？」

川は、立ちならぶ家のすき間を流れていて、そばを通る道がない。

二人は、だいたいの見当をつけて川の流れを追いかけて行った。

「あ、あった。あそこに流れてる」

ふと、周りを見ると、左の奥のほうに二人が通う長浜小学校が見えた。

「十一川って、こんなとこ通ってたんやな。毎日近くを通ってるんやな」

民家《みんか》の中を通っている川を追いかけ進んで行くと、左手に市役所が見えた。このあたりでは、川はば1メートルくらいのコンクリートづくりになっていて、流れも少し速い。アメンボはいるけれど、魚はあまりいない。

「あ、あそこ『合体公園《がったいこうえん》』やな」

「うん、みんながよく遊んでるとこや」

川の横には車のハンドルのようなものが鉄のぼうにささっている。ぼうはネジになっていて、ハンドルを回すと、その下にある鉄の板が上がったり下がったりするようになっているらしい。板のすき間から水が少し流れており、十一川に流れこんでいた。

遠くに橋が見えた。そばにはカレー屋のカンバンが見える。

「わー。遠いとこまで来たなあ。あの橋のとこって、国道やもんな」

「うん、国道をこえたら学区外や。子どもだけで行ったらあかんことになったるもんな」

その時、ちょうど夕やけこやけのチャイムが聞こえてきた。夕方5時、小学生のお帰りのチャイムだ。

「あかん。帰らんと。続きはうちの人といっしょに行かんとあかんよなあ」

「きょうは、ここでおしまいやな」

川を見ながらざんねんそうにアヤはいった。川面《かわも》には、カゲロウがツイツイとんでいた。

二人は、ちょっとまよいながらも走って家に帰った。

アヤは、帰りがおそくなったことでママにしかられた。でも、川上たんけんのつきそいは、何とかゆるしてもらえた。


夏休みに入った最初のママの休みの日、アヤとマコとママの三人は自転車で、川上たんけんの続きに出発した。いい天気だった。

国道までは、この前の道をたしかめながら自転車をこいで行った。

とちゅう、十一川へはたくさんの小さな川やみぞからの水が流れてきていることに気づいた。

国道をわたって行くと、川は大きな鉄板《てっぱん》で止められていて、少しだけ開いたすき間からしか水が流れていなかった。鉄板下の水が深くたまったところにザリガニがいた。その先を見ると、川がないように見えた。

「えっ？　川が切れてる？」

「鉄板のむこうに、横むきの川が流れてるで。大きい川やな」

「これは、長浜新川やで。洪水《こうずい》や水不足《みずぶそく》をふせぐために、平成になってから作られた新しい川や。ここでも水の量《りょう》の調節《ちょうせつ》ができるようにしてるんやな」

と、ママが教えてくれた。

「ふーん。でも、これ、ここで川が切れてるみたいやし、この先も十一川なんかなあ」

不思議に思いながら自転車を走らせていくと、宮司町《みやしちょう》の町の中の橋に「十一川」と書いてあった。

「やっぱり、これでいいんやな。ここも十一川なんや」

町の中を通り、道を横ぎっていく。南郷里《なんごうり》小学校の近くは、青々とした田んぼが広がっていた。北郷里《きたごうり》小学校を通りすぎ、垣籠町《かいごめちょう》に入ると、川の中で三人の子たちがアミを持って遊んでいた。

「何がいるん?」

「カニ」

男の子が、バケツの中のカニを見せてくれた。セリが生えていてとてもきれいな水だ。小さい子がチョウチョを追いかけている。

遊んでいる子たちが見えなくなったころ、道の分かれ目に「樽番《たるばん》の碑《ひ》」というのが見えた。

この先で、田んぼと山の間を細く速く流れていた川が切れてしまっていた。「龍《たつ》が鼻」といわれる米原市とのさかいだ。国道３６５号の道の下できえている。国道の反対がわを見てもつながったところが見当たらない。国道横は、姉川という大きな川だ。

自転車をおり、田んぼや川原の草原を探してみたが、草がおいしげっていてよく分からない。国道は車がひっきりなしに通っている。これ以上自転車ですすむのはあぶない。朝早く出たのにお昼をすぎ、この日はここまでであきらめて帰った。

「川の水がとつぜんわいてくることないよなあ？　なんできえてるんやろ？」

家に帰ったアヤは、おじいちゃんに聞いてみた。

「あれは、底樋《そこひ》っていうんや」

「底樋って何？」

「姉川から水を引いてくる仕組みや」

「あんな大きい川からどうやって水を引いてくるん？」

「姉川の川原に大きいみぞをほってな、松《まつ》の木の丸太を何本も組むんや。そこに石をつみかさねてうずめてしまうんや。川ぞこをくぐった水は、この石や丸太のすきまをつたって流れるという仕組みやな」

「へえー。そんなめんどうなことせんでも、ショベルカーでほって川の道作ったら早いのに。土《ど》かん、うめたらいいやん」

「ははは、そやな。今はかんたんにできるけど、江戸時代の昔にはそんな便利《べんり》なきかいはあらへん。土かんを作るにしても、材料《ざいりょう》のコンクリートみたいなもんもあらへん。全部人の手でせんならん。みぞを掘《ほ》るのも、木を切るのも、丸太を組むのも人の手、石をつむのも全部《ぜんぶ》一つずつ人の手や。長さ２００メートルもの底樋を作るのに、１万３０００人もの人がはたらいたそうや。そのおかげで、長浜に水が流れてくるようになったと聞いてるで」

そういって、「長浜の歴史《れきし》」という本を見せてくれた。そこには、あの「樽番」のことも書いてあった。

「姉川からくろうしてとり入れた水も、日でりになると長浜の田んぼのすみずみまで水が行きわたらんようになるやろ」

「うん、田んぼのイネがかれてまうなあ。はたけの野菜《やさい》もかれてまう」

「そうや。お米も野菜もかれてしもたら、食べるものがなくなるわな」

「食べるもんなくなったら、死んでまう」

「そうや。今は、冷蔵庫《れいぞうこ》もあるしいろんなきかいがあって、米・野菜・肉も魚も何でも保《ほ》存《ぞん》できるし、店に行ったらいつでも何でもあるけど、昔は何にもない。そやから、水がな

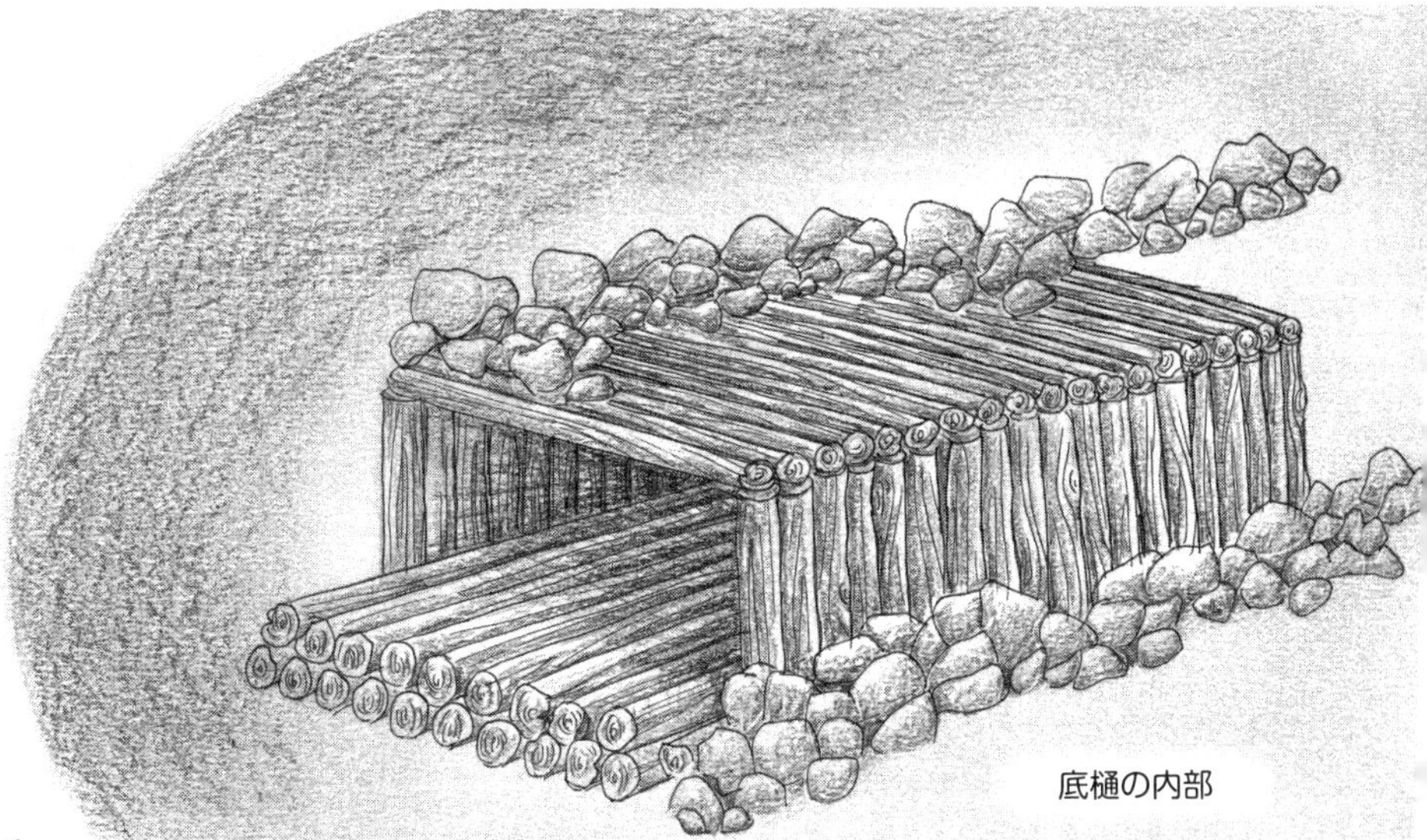

底樋の内部

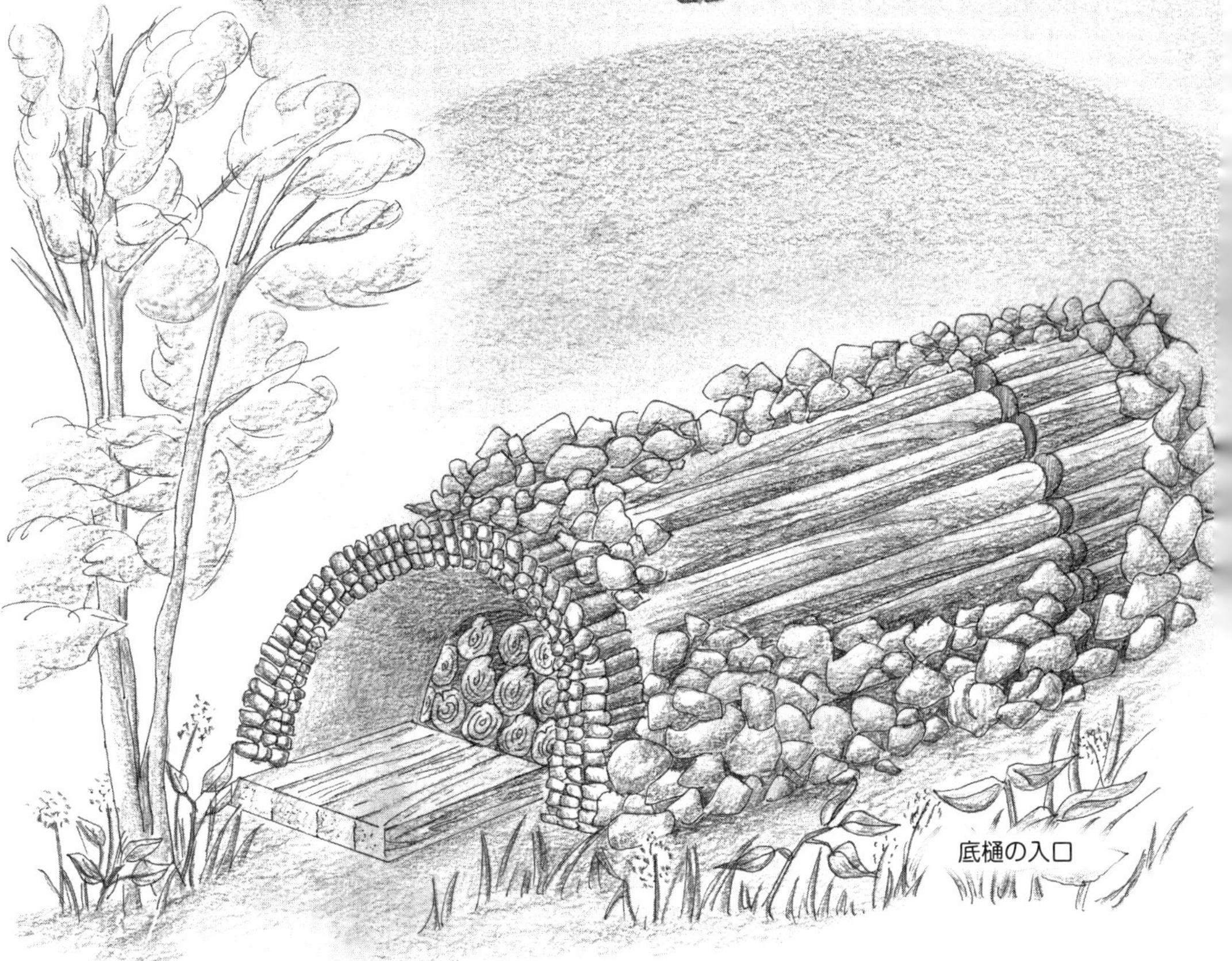

底樋の入口

いということは、生きるか死ぬかの大問題やったんや」

「やっぱり、水って大事なんやな」

「そうやで。水がないとこまる。だから、よそに水が流れて行かんように、川のとちゅうにしきりの板をおいて、あっちに流れる水と、こっちに流れる水の量を調節するんや」

「水は、自分とこにいっぱい流れてきてほしいもんなあ」

「だれもがそう思うな。よそに流れんように自分とこだけ多く流そうとして、夜のうちにこっそり仕切り板の調節を変える人がいて、けんかがたえんかったそうや。いいあらそいだけやのうて、クワやらスキやら持って相手の家をこわしに行ったり、けが人や死んだ人も出たりするくらいのけんかばっかりしていたんやそうや。こんなことではどうにもならんので、仕切り板の調節を時間制《じかんせい》にすることを決めたんやな」

「みんなでなかよくする約束《やくそく》をしたんやな」

「そうや。けど時計のない時代や。樽のそこに小さいあなをあけて、その樽に水をいっぱい入れて、水が2はい分なくなったら、となり村とこうたいする決まりを作ったんやて。こうしてこうたいで「樽の番」をしたんやそうや」

「ふ〜ん。樽の番やで、樽番か。時計の番やな」

「今は、水道のじゃ口をひねれば、いつでもきれいな水が出てくるけど、じいちゃんらの子どものころは、井戸《いど》から水くんでたんや。ちょっと昔は、雨がふらんと水がないととってもこまったんや。昔の人は、ほんまに水をかくほするのにすごいくろうをしてきたんやな」

「へえー。水ってそんなに大へんな思いして、このへんまで引いてきてはったんやな。それにしても、底樋ってすごい仕組みやなあ」

アヤは、底樋の仕組みや樽番のことを知って、ますますその先の川のたんけんがしたくなった。

次のママの休みの日、今度は車で川上たんけんにつれて行ってもらった。アヤたちの自転車ではとても行けない距離《きょり》だった。長浜をぬけて、米原市に入る。姉川をさかのぼるのがメインだ。

でも、龍が鼻のある横山のふもとの米原市の町中も川が流れている。アヤたちは、姉川も気にしながら、米原市の大原学区の町中の川もさかのぼってみた。ママの実家があるところだ。

「ママが小学校の時も、川上たんけんがあって、自分の家の近くの川をさかのぼっていく宿題《しゅくだい》が出たわ」

「へー。川上たんけんが宿題って楽しそうでいいなあ」

「その日は早く帰って、みんなそれぞれに家を出発するんよ」

「一人でべつべつに行くんか？　なんかさみしいなあ」

「そうなんよ。はじめは一人ずつなんやけど、そのうち近所の子とはいっしょになるの。次はとなりの字《あざ》の子らともいっしょになって、どんどんみんなが集まってくるんよ」

「へー、なんかおもしろいな」

「うん。みんな、クラスの子たちが遠くに見えてくると、おーい、おーいって手をふって走ってくるんよ。だんだんと間田《はさまた》の『五川分水《ごせんぶんすい》』のダムに集まってきて、さいごはクラス全員が小田《やないだ》のダムに集合できるん。何かふしぎでうれしかったなあ」

「うわー、いいなあ。おもしろそう。うちらもやってみたいな」

「大原の水って、ほぼ全部ここ小田ダムからながれてくるんやで」

　そんな話をしながら川をたどっていくと、小田ダムに出た。そこからさかのぼって、伊吹へ進むと、姉川の水がせき止められるところがあって、そこから水を引きこむようになっていた。引きこんだ水が、小田ダムへ流れてきていたのだった。このせきとめて引きこむ口を「いせき」といい、1300年前に出雲《いずも》の国の人たちが作ったので『いずもい』というそうだ。

姉川をさかのぼること、1時間。山の中の道をくねくねと車を走らせて行った。龍が鼻あたりでは川はば50メートルほどもあった姉川の川はばもだんだんとせまくなり、大きなごつごつした岩がふえ、細く細くなっていった。とちゅう、小泉・曲谷《まがたに》ダムで水をためているところもあった。甲津原《こうづはら》の奥伊吹《おくいぶき》スキー場入り口まできて、これ以上、車では行けないところまでやってきた。

夏なのに少しひんやりした。

「もっと伊吹山のおくのほうから水がいっぱい集まってくるんやろうな。そうやって川になってくんやな」

「これ、見て！　こんなとこからいっぱいしずくが落ちてる！」

「ほんまや。しずくがいっぱい集まって、小さい川みたいになってる」

道のすぐ横の山はただの岩から、いくつものしずくがしたたり落ちていた。

「姉川の大きい川ばかり見てきたからあまり気づいてなかったかもしれないけど、山道を走ってくる間に、こうやって山はだから、しずくが落ちてるところは、いっぱいあったんよ。大きな岩から、しみ出ていたり、草のしげみからぽたぽた落ちてたりね」

「そうかあ。しずくがいっぱい集まって、ちっちゃい川になって、ちっちゃい川がいっぱい集まって姉川とか十一川とか大きい川になっていくんやな」

「そうや。ということは、十一川のはじまりは、伊吹山からのしずくだっていうことなんやな」

「十一川のもとは、しずくや」

「うん？　ちょっとまって。しずくってどこから来てるん？」

「山の中？　土の中？　岩の中？　草むら？」

二人は、いろいろ考えた。その時、ちょうど、ポツリと雨がふってきた。

「あっ！　雨！」

「そうや、雨のつぶ、山の土や岩や木やらにしみこんで、またしみ出してしずくになって、集まってちっちゃい川になって、だんだん大きい川になっていくってことなんやな」

朝から車で出たのに、お昼ごはんどきになっていた。

「十一川って長い旅をしてくるんやな。昔の人がいっぱいくろうして広いところまで水が行くようにくふうしてきたんやな。これで川上たんけんおしまいやな」

アヤはちょっぴりざんねんそうにいった。でも、川上たんけんをやりとげたまんぞく感でいっぱいだった。

「以上《いじょう》で十一川、川上たんけんたい、終了《しゅうりょう》。びわ湖へむかって帰ります！」

アヤとマコは、コアユになった気分でしずくを見つけながら、山から下りて行った。

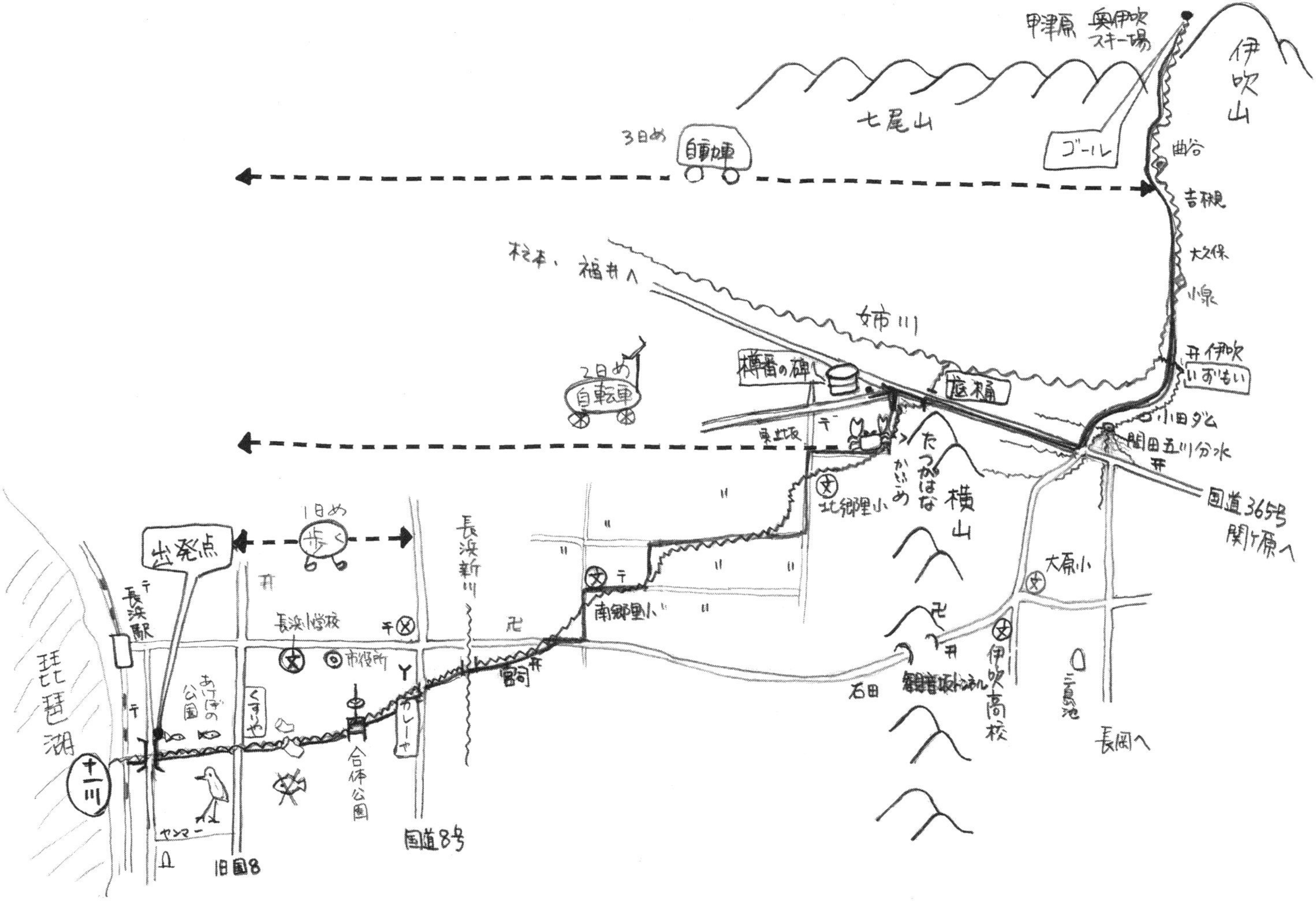

伊吹山
甲津原 奥伊吹スキー場
七尾山
ゴール
3日め
自動車
曲谷
吉槻
大久保
小泉
伊吹
いぶもい
小田ダム
杉本、福井へ
姉川
2日め
自転車
横山の碑
庭桶
東上坂
たつがはな
かがめ
横山
北郷里小
出川五川分水
国道365号
関ケ原へ
1日め
歩く
出発点
長浜駅
長浜新川
長浜小学校
市役所
南郷里小
大原小
石田
観音坂トンネル
伊吹高校
三島池
長岡へ
琵琶湖
十一川
あけぼの公園
くすりや
合体公園
カレーや
ヤンマー
旧国8
国道8号

解説

はっぱいろの宝箱には、13のお話が入っています。

どのお話も、空想をめぐらしただけで書いたお話ではありません。あったことや、やったことが素《もと》になっています。

「知っている」と思うことがあるかもしれません。「ちょっとちがうな」と感じることがあるかもしれません。あなたの知らないだれかがやったことのお話もあります。

あなたは、本を表紙から読みますか。それとも、裏表紙をめくって、後ろから読みますか。本はどこから読んでも自由です。

解説を読んで面白そうと思ったら、そのお話を見つけて読んでみてください。お話を読んだあとで解説を読んだら、へーえ、そうなのと思うことがあるかもしれません。解説なんかめんどくさいと思うなら、読まなくていいです。

お話の中に、お気に入りを見つけてくれたら、どんなにうれしいでしょう。

「トトントントン！　ぼくは中洲《なかす》小の講談師《こうだんし》！」

朝倉圭子

人間にも宝になってる人がいるって、知っていますか。

守山の中洲小学校へ、人間国宝の一龍齋貞水《いちりゅうさいていすい》さんが、文化庁から派遣《はけん》されてやって来ることになりました。子どもたちに、豊かな文化体験をしてほしいと願ってのことです。貞水さんは講談師です。芸を磨いて重要無形文化財保持者に指定されています。

「講談ってなんや？」

分からなかったから、子どもたちはいろいろ準備をしました。講談の練習もしました。

その日、語られた話は小泉八雲作「耳なし芳一」でした。声の高低、強弱、速度など表情豊かに語られた話を、中洲小学校のみんなは、どのように感じながら聴いたのでしょうね。

「ろくろっ子」

平松成美

ろくろ分校は、朽木《くつき》村の中心部から山道をのぼった山と谷に囲まれたところにある学校でした。今はもうありません。１９７６年に廃校になりました。多くの人が、便利さを求めて、都会へ引っ越ししていったので、ここで暮らす人が少なくなってしまったのです。

分校はなくなっても、残っている物があります。先生と生徒が熱心《ねっしん》に取り組んだ活動です。里の景色や山の暮らしや生活のひとこまを、詩と版画にします。先生は、「自分たちの生活を見つめ、『これだ』というものをつかまえたとき子どもたちには、意気込みを感じる」といっています。発見があると、普通の暮らしが生き生きして輝きだします。わたしたちの毎日の暮らしも、宝物になりますね。

「見上げれば（草津《くさつ》町たんけん）」

竹谷利子

草津市は歴史のある町です。本町の商店が並んでいる旧東海道《きゅうとうかいどう》には、江戸時代、参勤交代《さんきんこうたい》の行列が行き来しました。殿様の泊まる宿（本陣）が、今も残っています。普通の旅人もたくさん行き交っていましたから、神社仏閣《じんじゃぶっかく》も民家もりっぱな建物を建てました。

「見上げれば」は、飾りがわらを見つける町探検《たんけん》のお話です。ふるさとの歴史に興味を持ってほしい大人たちに助言されなければ、飾りがわらの動物たちが屋根にいるなんて気がつきません。サル、イヌ、イノシシ、ウサギ、そして鍾馗《しょうき》様、探して歩きながら、昔の人が飾りがわらに託した思いを、空を見上げて想像するのも楽しいでしょう。地図も入っています。

「『西野水道』たんけん」

西堀たみ子

高月《たかつき》町西野地区は、土地がひくいうえ三方に山があるため、余呉川《よごがわ》が氾濫《はんらん》するたびに洪水《こうずい》の被害を受けました。今から１８０年ほど前、充満寺《じゅうまんじ》の住職、恵荘《えしょう》師が大土木事業を計画します。岩を掘る石工《いしく》さがし、お金の工面、隣《となり》村や彦根藩《ひこねはん》の許しを得ることなどの準備に走り回りました。トンネル掘りが始まると、天井がくずれたり、一日6センチも掘り進めない硬い岩があったりと、難工事の連続でした。それでも、恵荘師と村人の願いは、6年後に実ります。西側から掘った洞穴と東側からの洞穴がぴったり合ったそうです。

　道具といえば磁石だけ。そんな時代にすごいと思いませんか。今も、この水道のかべには、トンネルを掘り進んだノミのあとが残っています。

「こころをつなぐ和ろうそく」

楠　秋生

　停電しました。それなのにお母さんはまだ帰ってきません。不安なけんたを呼んでくれたみさきちゃんの家に、和ろうそくが灯っていました。和ろうそくは、特別に注文して買わないと手に入りません。生物には絶滅危惧種《ぜつめつきぐしゅ》という生き物がいますが、生活用品にも似たような運命にある物があります。みさきちゃんのお母さんは、そういう生活用品に気を配る人です。高価だけれど環境にやさしい和ろうそくのファンなのです。西洋から入ってきた「ローソク」は、原料が石油で、機械で作り、芯は糸です。和ろうそくは、植物の油が原料で、芯はイグサ、一本一本手作りです。和ろうそくの大きな炎を見てみませんか。

「ぼくら八日市飛行場《ようかいちひこうじょう》で会ったよね」

松本由美子

　飛行機にあこがれた荻田常三郎《おぎたつねさぶろう》さんが、ふるさとの島川村（現愛荘町）の空を飛んだのは、ライト兄弟が飛行機を発明してから、11年目のことです。3～4万人の人が見物しました。八日市飛行場は、この人によって、民間飛行場としてスタートしました。その後、陸軍の飛行場となります。

　このお話には、15年もの長い間、日本が戦争をしていた時代が蜃気楼《しんきろう》のように浮き上がってきます。「戦争遺跡《いせき》めぐり」に参加したぼくは、戦争の時代に生きていた男の子と会いました。不思議《ふしぎ》な体験ですが、男の子の言葉は、ぼくの記憶にはっきり残りました。いやいや参加した「戦争遺跡めぐり」でしたが、大切なことを考える種をくれたのではないでしょうか。

「ヨシ原のこわい話」

古田紀子

ヨシは、びわ湖の干拓《かんたく》事業が行われる前、湖と関わりを持つ人々にとって大切な植物でした。ヨシまき漁という魚の捕り方があるほど、漁師たちはヨシを利用していました。農家ではウシの飼料にしたり、屋根を葺《ふ》く材料やすだれなどの生活用品の材料にしました。

ヨシは春に芽を出しますが、秋には大人をかくしてしまうほどに育ちます。密集して背丈を伸ばすので、子どもは一人でヨシ原に行ってはいけません。迷路に入ったようになるからです。

このお話を語るおじいさんは、子どものころヨシ原に迷い込んだようです。不思議な経験をあなたはどう思いますか。

「ジェーンちゃんのなぞ」

尾崎美子

1万2738体の青い目の人形が、平和の使者として日本の子どもたちへ送られてきたことがあります。アメリカの宣教師《せんきょうし》ギューリックさんが「世界の平和は子どもたちから」と考えて、アメリカの子どもたちに呼びかけたのです。1927年のことです。人形は、今、ほとんど残っていません。日本とアメリカが戦争を始めたので、敵国の人形だといわれて、こわされてしまったのです。

大津市の平野小学校には、秋になると青い目の人形ジェーンちゃんが、大津市博物館から里帰りしてきます。このお話は、にこにこ集会の委員たちの活動をとおして、ジェーンちゃんの秘密が解き明かされます。秘密にせまるお話ですから、空《くう》想《そう》する力も加えて楽しんでくださいね。

「いわな給食」

一円重紀

あなたは魚を食べますか。肉の方がうまいという子はいませんか。マグロとかサーモンとかは、大好きという人がいるかもしれませんね。川魚《かわざかな》はどうでしょう。コイとかフナとかモロコとか、食べていますか。

多《た》賀《が》町立《ちょうりつ》大滝《おおたき》小学校の子どもたちは、近くを流れる犬上川《いぬかみ》でイワナを食べます。犬上川の河原で、火を焚《た》いて串に刺したイワナを焼いて食べる「いわな給食」は、もう20年も続いています。

　一年生のみずきは不安です。イワナを触ったことがないのです。全校生徒で用意する給食。みずきもみんなと力を合わせました。上流で育った新鮮なイワナ。自然の恵みの味です。あなたもイワナを食べてみませんか。

「じごく花はオンリーワン」

寺井一二三

　みはるは夏休みの自由研究に、草津市の花を選びました。青花紙作りは、東海道五十三次の版画で有名な安藤広重《あんどうひろしげ》が「草津宿」の画材にしていますから、江戸時代には好調な産業でした。青花紙は、着物の下絵を描くとき必要なえの具で、午前中にアオバナの花びらだけを集めて作ります。最近は、化学染料を使うので青花紙作りは、草津市でもごくわずかになりました。幸いおばあちゃんの知り合いに青花紙を作っている人がいたので、みはるは仕事の体験をさせてもらえました。そして、思っていたことがひっくりかえるほどの「オンリーワンの自由研究」をまとめることができました。あなたの自由研究はなんですか。

「『ありがとう』の、びわ湖花火」

上田英津子

　病気になりたい人はいません。でも、病気にかかることがあります。健太郎《けんたろう》のお母さんは、AL《エーエル》S《エス》という治すのがむずかしい病気になりました。お父さんは、病気を治すために病気のことを調べました。同じ病気と闘《たたか》っている人を遠くまで訪ねて、いろいろ教えてもらいました。研究が進めば治療できるかもしれないので、国に働きかけたりしました。健太郎だって美沙《みさ》だって、おうちの仕事をひきうけて頑張っています。病院の人たちも、夜も昼もお母さんを支えてくれます。旧友のメールも、お母さんの心を支えます。いっしょに生きようという気持ちが集まって、お母さんは、今も病気と闘い続けています。あなたの励ましの気持ちも、風に乗のせて届けませんか。

「はじめての探鳥会《たんちょうかい》」

林田博恵

ともきくんは、「探鳥会なんかに行かなくても鳥は見られるよ」といいました。滋賀県には山もあるし里もあるし、びわ湖もあるので３４０種の野鳥を見ることができます。びわ湖の周囲で見られる野鳥は、１４０種です。冬、びわ湖の各地でいっせいに野鳥の数を数えたら、10万羽以上いました。一年中びわ湖に暮らしている鳥たちもいますが、渡り鳥もいます。ともきくんの見たチョウゲンボウも、だれかが数えたでしょうね。

　びわ湖は大きい。そして、長生きの湖だって知っていましたか。水の中にはいろいろな魚が生きています。水の上には野鳥がいます。人間もこの水の恩恵を受けて生きています。びわ湖は、たくさんの命を生かしていますね。

「水はどこから」

藤谷礼子

「この川の水は、どこからきてるんやろ?」と思ったアヤとマコは、何日もかけて、お母さんにも助けてもらって、とうとう川のスタートの地点を発見します。川が生まれるところに行ってみたいなら、地図がついていますからあなたも行けますよ。でも、注意してください。とつぜん川が消えてしまうところがあります。「樽番《たるばん》の碑」がある辺りです。

　水が安定して得られなかった昔、人々は知恵をしぼり工夫しました。そして、底樋《そこひ》という用水方法を考え出したのです。言葉で説明するのはむずかしいので、挿《さ》し絵にしてありますよ。工事には農民たちも進んで加わりました。完成したときはうれしくて、祭りをしました。その祭りは、今も、感謝しながら続けられています。

〈参考文献・協力いただいた方々〉（敬称略）

トトントントン！　ぼくは中洲小の講談師！

『一龍齋貞水の歴史講談　４歴史に残る合戦』　一龍齋貞水　フレーベル館　2000年
守山市広報　2017年12月１日号
守山市民新聞　2017年12月10日号
山本毅（滋賀県総合教育センター）（元中洲小学校教頭）
守山市立中洲小学校の皆さん
（株）影向舎

ろくろっ子

『版画の里　ろくろっ子　版画集」清川貞治／作・編集　1977年（自費出版）
絵本『ろくろっ子』草山万兎／文、清川貞治／版画指導　小学館　1981年
『朽木村史』朽木村史編さん委員会　高島市　2010年
清川貞治（高島市朽木在住。「版画の里　ろくろっ子　版画集」作者）
清川節子（高島市朽木在住）
加藤みゆき（高島市朽木木地山在住。著書に漫画『山村大好き家族』（サンライズ出版）など）
三浦正和（高島市朽木在住。鯖寿司みうら店主）
熊澤輝一（総合地球環境学研究所研究基盤国際センター助教授）

見上げれば（草津町たんけん）

くさつ記憶絵・民具継承会の皆様
〈地図作成者〉河崎凱三（前くさつ記憶絵・民具継承会代表）

「西野水道」たんけん

『西野水道と農民』　成田迪夫《みちお》（自費出版2011年）
『高月の人物ものがたり　郷土史に残る人々』　滋賀県伊香郡高月町教育員会　1990年
成田迪夫（長浜市高月町西野）
清水あかね（長浜市立古保利小学校　４年生担任）
長浜市立古保利小学校４年生児童のみなさん

こころをつなぐ和ろうそく

大西明弘（『大與』三代目社長）

ぼくら八日市飛行場で会ったよね

『陸軍八日市飛行場―戦後70年の証言』中島伸男　サンライズ出版　2015年

ヨシ原のこわい話

『ヨシの文化史』西川嘉廣　サンライズ出版　2002年
『琵琶湖の水鳥』今森洋輔　偕成社　2008年
公益財団法人淡海環境保全財団ホームページ（https://www.ohmi.or.jp）

ジェーンちゃんのなぞ

大津市立平野小学校のお友だちと先生方
『日米危機の起源と排日移民法』三輪公忠・長谷川雄一他　編　論創社　1997年
『青い目の人形　海を渡った親善人形と戦争の物語』　原田一美　未知谷　2009年

いわな給食

吉岡和彦（多賀町立大滝小学校）

じごく花はオンリーワン

『青花紙製作技術に関する共同調査報告書―染色技術を支える草津の技―』
独立行政法人国立文化財機構　東京文化財研究所無形文化遺産部　2018年
中村繁男・久枝　（草津市在住）
岡田裕美（草津宿街道交流館　学芸員）

「ありがとう」の、びわ湖花火

今関信子（滋賀県児童図書研究会会長）
田中八穂

はじめての探鳥会

亀田佳代子（滋賀県琵琶湖博物館）
津田邦史（フィールドレポーター兼はしかけ活動登録メンバー）
日本野鳥の会滋賀

水はどこから？

『読本　長浜の歴史』長浜市立教育研究所編　長浜城歴史博物館友の会　1988年
杉本義明（長浜市立長浜小学校　校長）

（役職は取材当時のもの）

〈表紙絵をかいた人〉

近藤薫美子《こんどうくみこ》　大津市在住

大阪府生まれ。京都成安女子短期大学意匠科卒業。製菓会社企画室を経て絵本作家になる。主な作品に、『かまきりっこ』『のにっき―野日記―』『つちらんど』『はらっぱハウス』『たねいっぱいわらったね』『いないいないいるよ』(以上、アリス館)、『むしホテルへようこそ』『むしホテルとなぞのちかしつ』『むしホテルのおばけさわぎ』(文・きねかわいつか)、『くぬぎの木いっぽん』(以上、ＢＬ出版)、『はじめまして』(偕成社)、『まよいが』(文・京極夏彦、汐文社)、『せかいかえるかいぎ』(ポプラ社)ほか。日本児童出版美術家連盟会員。

〈挿絵をかいた人たち〉(50音順)

伊藤空《いとうそら》　大津市在住

自然大好きな２児の母。絵を描くことはライフワーク。レイチェルカーソンを尊敬し、日々センスオブワンダーを実践中

克《か》つ　大阪府大阪市在住

小玉克彦《こだまかつひこ》。観光客向けに訪日記念の絵やイラスト(金閣寺、東大寺、芸者、侍等)を描いている

さとうくにこ　大阪府寝屋川市在住

絵本『だいきらいでもだ～いすき』
34年間養護教諭として勤務。退職後人形劇グループに所属

たかむらゆき　栃木県在住

宇都宮文星芸術大学卒業。身近な自然をモチーフに独自の世界を描く。地元、東京近辺で作品を発表している

浪花由里《なにわゆり》　守山市在住

美濃部幸代《みのべさちよ》　長浜市在住

元長浜市立(湖北町立)図書館館長
美術文化協会会員　滋賀県造形集団団員
「元三大師かるた」絵札制作　など

〈執筆者紹介〉(50音順)

朝倉圭子　守山市在住

今回が初創作

一円重紀　犬上郡多賀町在住

紙芝居「タンポポのゆめ」で第17回箕面手作り紙芝居コンクール優秀賞受賞
紙芝居「びわこのおうさま」滋賀県児童図書研究会　企画制作

上田英津子　守山市在住

『続滋賀の子どものたからばこ』「ぼくらの野洲川物語」所収

尾崎美子　草津市在住

日本児童文学者協会会員。「さん」の会、同人。作品「河のほとりで」てらいんく『二倍でファイト』(アンソロジー)国土社

楠秋生　高島市在住

ネット投稿サイト「カクヨム」に作品投稿中。今回が研究会では初創作

竹谷利子　草津市在住

福岡出身。草津市にきて45年。くさつ記憶絵・民具継承会で活動中。今回が初創作

寺井一二三　草津市在住

今回が初創作

西堀たみ子　長浜市在住

紙芝居『おたんじょう　おめでとう』
『一豊と千代さま』
『滋賀の子どものたからばこ』『続 滋賀の子どものたからばこ』『にじいろ宝箱』所収

林田博恵　守山市在住

家庭文庫「フローレス文庫」代表
児童文学創作「ごんたくれ」同人
北陸児童文学「つのぶえ」創作童話入選三回「おれの名前」「ぼくのばあちゃん」「おまつり」

平松成美　高島市在住

自宅は絵本専門店「カーサ・ルージュ」。NPO法人絵本による街づくりの会理事長
『続 滋賀の子どものたからばこ』『にじいろ宝箱』所収

藤谷礼子　長浜市在住

紙芝居『にっこにこ』
『滋賀の子どものたからばこ』『続 滋賀の子どものたからばこ』『にじいろ宝箱』所収

古田紀子　京都府京都市在住

自然と人とのかかわりをテーマに創作

松本由美子　湖南市在住

手作り紙芝居滋賀ネット「ぴょんた」会員
児童文学創作「ごんたくれ」同人

〈編集委員〉(50音順)

朝倉　圭子
阿部　幸美
楠　　秋生
竹山　和子
田中　純子
寺井一二三
平松　成美
古田　紀子
村田はる美

〈監修者〉

今関　信子　守山市在住
　滋賀県児童図書研究会会長
　日本児童文学者協会会員
　日本ペンクラブ会員
　『ぎんのなみおどる』朔北社
　『大久野島からのバトン』新日本出版社
　他多数

はっぱいろの宝箱

2020年４月23日　初版第１刷発行

編　著　滋賀県児童図書研究会
発行者　岩根順子
発行所　サンライズ出版株式会社
〒522-0004　滋賀県彦根市鳥居本町655-1
TEL 0749-22-0627
FAX 0749-23-7720

印刷製本　シナノパブリッシングプレス

定価は表紙に表示しています。
落丁・乱丁がございましたらお取り替えいたします。

ISBN978-4-88325-678-5 C8095